U0831516

数字矿山数据标准化研究与实践

霍 文 著

中国矿业大学出版社
·徐州·

内容提要

本书是关于数字矿山数据标准化建设的专著。企业数据标准化是一项持续性工作。本书以支持数字矿山降本增效工程为出发点,其中的部分内容需要随着准格尔能源集团有限责任公司信息化建设的不断深入而逐步完善。本书主要介绍了数字矿山数据标准体系的建立、数字矿山主数据标准体系的建立、数字矿山指标分析数据标准体系的建立、数字矿山实时数据标准体系的建立、数字矿山数据管控体系的建立等内容。

图书在版编目(CIP)数据

数字矿山数据标准化研究与实践 / 霍文著. —徐州：中国矿业大学出版社，2020.11

ISBN 978-7-5646-4647-9

Ⅰ. ①数… Ⅱ. ①霍… Ⅲ. ①煤矿企业—信息化建设—研究—中国 Ⅳ. ①F426.21—39

中国版本图书馆 CIP 数据核字(2020)第215973号

书　　名 数字矿山数据标准化研究与实践
著　　者 霍　文
责任编辑 于世连
责任校对 王慧颖
出版发行 中国矿业大学出版社有限责任公司
(江苏省徐州市解放南路　邮编 221008)
营销热线 (0516)83884103　83885105
出版服务 (0516)83995789　83884920
网　　址 http://www.cumtp.com　**E-mail**:cumtpvip@cumtp.com
印　　刷 江苏凤凰数码印务有限公司
开　　本 787 mm×1092 mm　1/16　**印张** 12　**字数** 307 千字
版次印次 2020 年 11 月第 1 版　2020 年 11 月第 1 次印刷
定　　价 38.00 元
(图书出现印装质量问题,本社负责调换)

前　言

数据是以文本、数字、图形、图像、声音和视频等格式对事实的表现。随着电子商务与互联网经济的迅猛发展，数据已经成为企业非常重要的资产。如何高效利用已掌握的数据资源作出科学决策，推进体制、机制和管理创新，获取市场竞争优势，是每一个企业都面临的重大问题。

数据标准化是提升数据资产价值的基础性工作，而数据质量的高低将直接影响到数据资产的价值。数据标准化是企业对数据的定义、组织、监督和保护进行标准化的过程。企业信息化就是对企业业务进行数字化设计、实施、应用和管理。保证数据的规范性和标准化是企业信息化建设成功最为关键的因素。因此，数据标准化是企业信息化建设的基础性工作，是信息化系统整体化和数据共享的基本保证。

当前，我国企业信息化建设普遍缺乏顶层设计，大多数信息系统都是在支持某一个或几个业务域需求的基础上建立的，没有充分考虑与其他系统的数据重用与共享。因此，数据一致性和可用性矛盾突出，存在业务口径不一致、业务术语不统一、统计口径不匹配、数据分散存储且存储结构各异等一系列问题。如何将分散、孤立的各类数据变成网络化的信息资源，将众多“孤岛式”的信息系统进行整合，以实现信息的快捷流通和共享，是企业信息化过程中亟待解决的问题。建立一套切实可行的企业数据标准化体系，是解决以上这些问题的必由之路。

本书主要介绍了数字矿山建设过程中数据标准化的方法、步骤、模型和应用案例。

第 1 章为引言，介绍了数字矿山建设过程中数据标准化的作用和意义；简述了准格尔能源集团有限责任公司（以下简称准能集团）的信息化建设现状，确定了准能集团数据标准化建设的思路和原则。第 2 章为数据标准体系构建；解析了数字矿山建设中的数据分类，明确了准能集团数据标准体系结构，提出了准能集团数字矿山建设总体业务架构、数据标准体系框架和数据标准化体系组成。第 3 章为主数据标准体系构建；明确了数字矿山建设中主数据概念、标准体系框架、设计范围与编码方法、编码原则；制定了主数据编码标准，确定了主数据属性标准和分类标准。第 4 章为指标分析数据标准体系构建；梳理了数字矿山建设过程中指标分析数据；明确了指标分析体系框架、设计目标与范围、基本原则，制定了指标分析数据标准。第 5 章为实时数据标准体系构建；明确了数字矿山建设过程中实时数据的分类和范围，制定了实时数据采点编码规范和应用系统编码规范。第 6 章为数据管控体系构建；明确了数字矿山建设数据管控体系的总体框架、工作目标、工作原则、工作内容以及不同管控组织的职责分工。

本书是作者多年来从事矿山信息化建设工作经验的总结和提炼。在写作过程中，得到了准能集团、神华集团有限责任公司煤炭生产部和信息管理部、中国矿业大学等有关单位和个人的支持和帮助，在此表示衷心的感谢。

由于作者水平有限，书中难免有错误和不当之处，恳请读者批评指正。

著　者

2020 年 10 月

目　录

第1章 引 言

1.1 数据标准化作用与意义

在信息时代，数据以及从数据产生的信息，已经被公认为是一项重要的企业资产。数据的重要性不言而喻，而数据质量的高低将直接影响到数据资产的价值。

数据标准化是企业对数据的定义、组织、监督和保护进行标准化的过程。企业信息化就是对企业业务进行数字化设计、实施、应用和管理，如何保证数据的规范性和标准化是企业信息化成败最为关键的因素。因此，数据标准化是企业信息化建设的基础性工作，是信息化系统整体化和数据共享的基本保证。

当前我国企业信息化建设普遍缺乏顶层设计，大多数系统都是在支持某一个或几个业务域需求的基础上建立的，没有充分考虑与其他系统的数据重用共享，数据一致性和可用性矛盾突出，存在业务口径不一致、业务术语不统一、统计口径不匹配、数据分散存储且存储结构各异等一系列问题。如何将分散、孤立的各类数据变成网络化的信息资源，将众多"孤岛式"的信息系统进行整合，实现信息的快捷流通和共享，是企业信息化过程中亟待解决的问题。而建立一套切实可行的企业数据标准化体系，是解决以上这些问题的必由之路。

数据标准化的作用和意义主要体现在以下几个方面。

（1）业务方面，提升业务规范性和数据对业务的支持度

通过标准化可以明确很多业务含义，使得不同业务部门之间，以及业务与技术之间沟通更加通畅，避免歧义。通过数据标准可以把数据主题信息明确分类，如基本信息、业务交易信息和财务信息等，为多维度分析和深度挖掘提供依据。若数据信息形式统一，则数据信息更容易正确、通畅地在各业务部门之间流转、共享。

（2）技术方面，提升信息系统应用效能

首先，采用相同结构的数据，更容易实现信息共享和交换，企业内部标准促进数据在企业内部流转，行业标准促进数据在企业之间流转。其次，相同的数据标准可以减少大量的转换、清洗工作，极大地提升数据处理效率，数据处理过程中也会减少出错概率，提升数据质量。

（3）管理方面，提升科学决策效能

数据标准化更多的是能提供完整、及时、准确、高质量的数据，为决策支持、精细化管理提供更有效的支撑。数据标准化可以加速企业数据仓库及商务智能分析、大数据应用等系统的建设，通过数据的深度分析和挖掘，切实提升企业生产经营管理决策水平。

1.2 数据标准化背景与现状

神华集团在流程优化与信息化工程建设过程中，完成了以人力资源、财务、物资、销售为核心的数据架构规划、数据标准化和数据管控体系设计等工作。以流程优化与信息化工程建设成果为基础，神华集团在信息化滚动规划中明确了四大企业级数据域(即决策支持类数据、项目投资类数据、生产类数据和以人财物为核心的数据域)，并基于业务能力把信息数据划分为 17 个数据主题，进一步识别出主数据和事务数据。

随着神华集团“十三五”信息化建设、数字神华建设和数据管控体系建设的推进，煤炭及各大板块生产业务数据的标准化工作迫在眉睫。

准能集团是集煤炭开采、坑口发电、铁路运输及煤炭循环经济产业为一体的大型综合能源企业，为应对经济新常态和进一步推进神华“1245”清洁能源发展战略，准能集团于 2016 年 11 月启动了降本增效工程数字矿山项目，致力于推进煤炭生产的智能化和信息化水平，深化“两化”融合，保障安全生产，实现降本增效，努力建设世界一流清洁能源供应商。准能集团目前拥有 97 个各类应用系统，分布在煤炭、铁路、电力等各个板块，有效地支撑了生产、安全、经营、管理等各个领域的业务需求，保障了各项业务的顺利进行。

“十二五”期间，准能集团露天矿在监测监控、生产执行、经营管理方面做了大量工作。在监测监控方面，建设了边坡稳定性监测系统、卡车盲区监测系统、车辆预警系统等 19 个应用系统；生产执行方面，建设了全球定位矿山智能管理系统、生产接续计划管理系统、煤质分析系统等 15 个应用系统。这些系统基本满足了矿区生产安全的业务需求。在经营管理方面，准能集团已按神华集团规划统一建设了 24 个应用系统，还根据个性化管理需求自行建设了 20 个应用系统，这些应用系统基本涵盖了经营管理的各个方面的业务工作，提高了工作效率，有效地支持各项管理业务的顺利进行。

准能集团信息化建设目前也面临不少的问题，业务系统大都是独立应用，“信息孤岛”问题严重。底层的信息采集设备不完善，已采集的信息在数据结构、格式以及传输模式上差别很大；生产执行层系统按需分散建设，数据未有效集成和共享，没有与经营管理层系统实现有效融合；没有建立决策支持和大数据应用，无法为各级管理人员提供成熟可靠的数据分析和决策支持服务，数据价值有待进一步挖掘。这些都严重影响了企业信息化的应用效果。

2016 年 8 月，准能集团降本增效数字矿山工程项目顺利通过神华集团立项批复。工程以煤炭板块信息化建设为核心，统筹兼顾铁路、电力两大板块业务需求，最终实现准能集团信息化建设的集成、共享和协同性。随着准能集团数字矿山建设各项业务应用的深入，一数多源、数据质量参差不齐等问题已逐步凸显，亟须建立准能集团统一数据标准化体系，对数据资产进行统一管理，保证数据的唯一性、及时性、准确性和完整性，提升数据质量和管控保障水平，更好地满足系统整合需求、数据分析需求和各级人员对数据的使用要求。准能集团作为神华集团煤炭板块露天煤矿的代表，数据标准化成果在神华集团乃至整个煤炭行业具有很大的推广价值。

1.3 数据标准化体系建设思路与原则

1.3.1 建设思路

数据标准化体系保证企业内部数据对象具有明确的所有权与属性定义，保证企业信息系统共享数据的一致，保证企业数据质量与数据安全的有效控制。准能集团数据标准化体系建设将基于准能集团业务架构合理划分主题域，明确数据对象的基本定义、属性、标准、认责和使用，完善相配套的数据管控体系，满足准能集团信息化建设对数据统一性、标准性和扩展性的需要，保障和促进准能集团在数据资产价值挖掘和数据管理工作的常态化开展。

数据标准化体系建设工作是促进和实现准能集团信息化系统整合、数据共享、生产数据库建设及数据分析的基础，同时也是长期积累、不断完善的过程。数据标准化体系建设工作方法如图 1-1 所示。

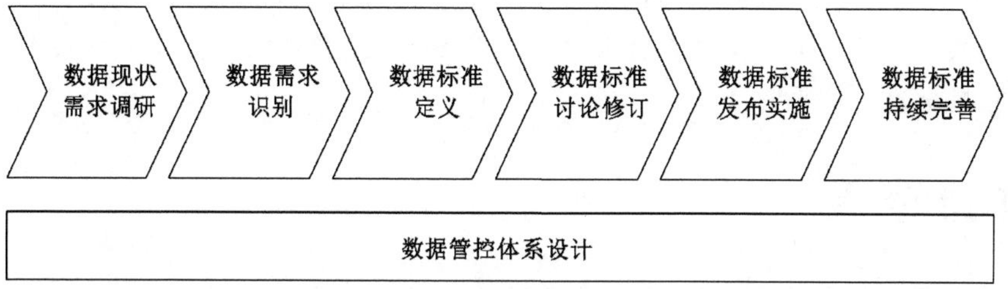

图 1-1 数据标准化体系建设工作方法

准能集团数据标准化体系设计和建设工作以神华集团信息化总体规划、流程优化与信息化工程和数据管控体系建设成果为指导，参考国际、国内和行业相关标准、规范和最佳实践，以生产主数据、生产指标分析数据、业务共享数据和实时数据为主线，围绕准能集团数字矿山工程系统建设需求开展。

1.3.2 基本原则

为确保数据标准化与准能集团企业业务发展方向和信息化建设的一致性，保障准能集团降本增效数字矿山建设工程的顺利实施，准能集团数据标准化体系建设将遵循以下几点原则。

(1) 全面性

通过对准能集团生产运营管理和企业经营管理业务领域进行全面的数据梳理和定义，促进准能集团在数据管理和数据应用方面的能力提升。

(2) 前瞻性

结合准能集团战略发展需要和生产降本增效的目标，充分借鉴国内外同业的先进实践经验，力争数据标准化体系具备一定的前瞻性，满足未来准能集团企业生产管理信息化建设和数据资产发展需要。

(3) 可执行性

基于对准能集团生产业务及数据现状的深入调研和分析，优先考虑准能集团数字矿山工程和相关系统建设需求，确保准能集团数据标准化体系切实可行。

第2章　数据标准体系构建

数据是信息的载体。随着企业信息化的不断深入，企业的采购、生产、销售、运营等一切活动都会在数据空间留下痕迹；商流、物流、资金流最终汇集成数据流，沉淀为企业的数据资产。如何运用好数据，发挥数据资产的价值（即提升数据的采集、处理和分析能力），将成为企业的核心竞争力。

企业数据标准化是企业信息化的基础性工作。企业数据标准化的目的是为企业提供统一的信息视图、数据规范及编码标准，减少数据定义二义性，提升数据质量，实现跨应用、跨业务的信息共享。依托准能集团信息化建设已有成果，结合数字矿山工程建设业务，构建准能集团的数据标准化体系。

2.1　数据分类

从准能集团业务应用的角度，将企业数据分为以下四类。

（1）主数据

主数据是指跨系统公用的核心实体类数据，是在业务发生过程中相对静止不变的数据，包括生产主数据和经营主数据。生产主数据涉及煤矿、煤种、装车站、设备等。经营主数据涉及员工、组织机构、供应商、客户、物资等。

（2）指标分析数据

指标分析数据是企业生产运营工作的量化反映，是企业生产指挥、运营结算以及效益分析的重要依据，同时也是衡量企业生产的绩效评价参考，分为生产指标分析数据和经营类指标分析数据。生产指标分析数据包括剥离量、原煤生产量、商品煤产量、装车量、发运量等；经营类指标分析数据包括财务经营分析指标、人员绩效分析指标、基建投资分析指标、物资供应分析指标、销售分析指标等。

（3）业务数据

业务数据是描述组织业务运营过程中的内部事件、外部事件、交易记录等事务型数据，如计划作业信息、工单信息、销售订单信息、采购订单信息、地测信息等。

（4）实时数据

实时数据主要包括分布在生产各个环节、场所和装备的实时监控和监测信息，如车辆位置信息、燃油监测数据、设备控制和状态信息、环境监测信息等。

主数据、指标分析数据、业务数据和实时数据在企业信息化应用中并不是孤立存在的，而是相互依赖和支撑的关系。企业数据分类及相关关系如图2-1所示。

企业四类数据的关系说明如下：

（1）主数据作为企业最基本的核心基础数据，为业务数据提供跨业务的基础共享数据，保

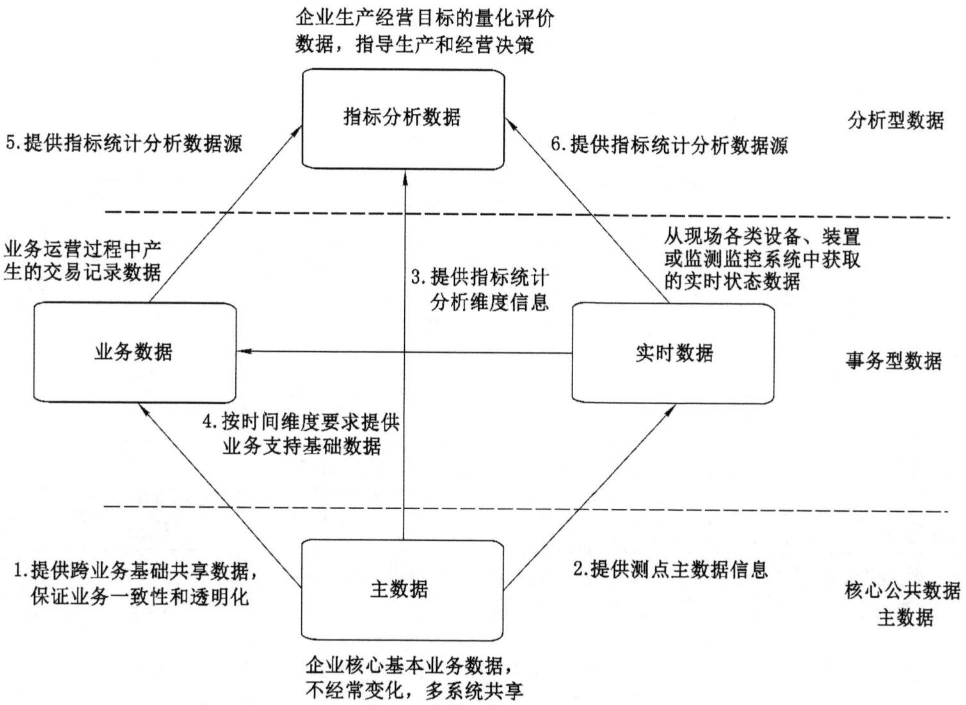

图2-1　企业数据分类及相互关系

证业务的一致性和透明化；为实时数据提供测点主数据信息，保证测点信息的全局唯一性；为指标分析数据提供指标统计分析维度信息，确保统计分析口径一致，提升数据分析质量。

(2) 实时数据来自生产现场各类传感器和控制单元中，可按时间维度要求与业务数据建立对接关系，为业务运行提供基础数据支持；集中存储的实时数据可作为指标分析数据的数据源，通过数据的深层次建模分析，可有效提升实时数据的价值。

(3) 业务数据分布在企业各类业务应用系统中，作为主要的数据源，为指标分析数据提供基础数据支持。

(4) 指标分析数据是在以上三种数据基础上，通过建模和数学运算形成客观反映企业生产经营管理情况的指标，为生产经营决策提供数据支持。

2.2　数据标准体系结构

2.2.1　总体业务架构

数据和业务具有密不可分的关系。企业数据分布在生产经营管理的各项业务环节中，反映了业务运行的实际情况。若要了解企业的数据分布、数据质量要求和数据间相互关系，则首先要从业务入手。通过全面梳理企业业务能力形成总体业务架构，为准能集团的应用系统和数据标准化体系建设提供基础。参考神华集团总体业务架构，结合准能集团生产运营业务特点，以企业价值链为主线，形成准能集团的总体业务架构(一级业务能力域)，如图2-2所示。

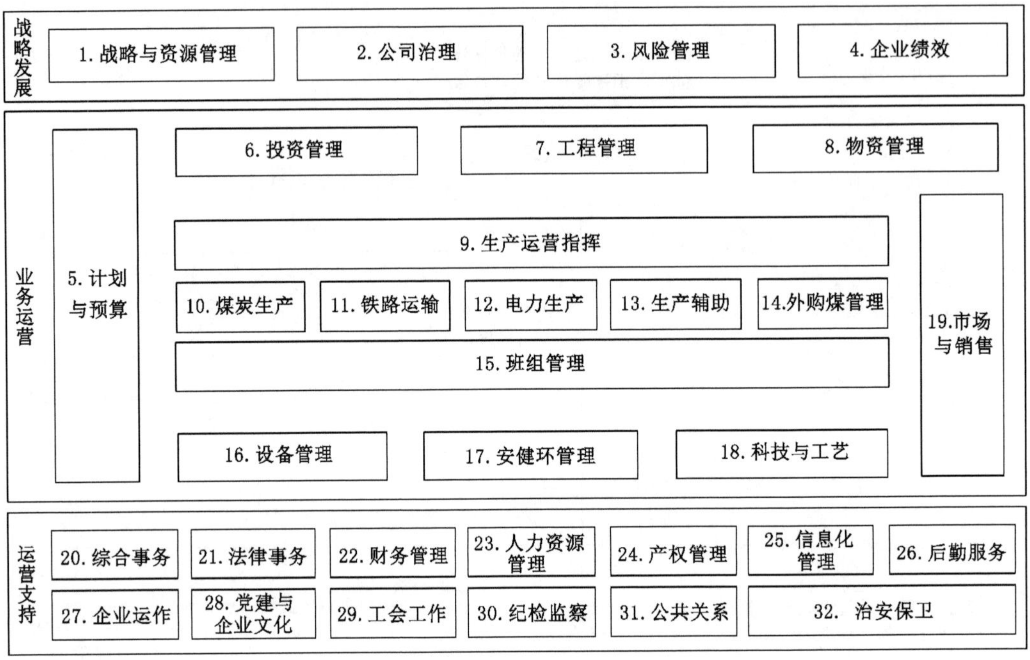

图 2-2　准能集团总体业务架构(一级业务能力域)

将一级业务能力域分解为二级业务能力域,通常在二级业务能力下梳理形成企业完整的业务流程清单。其中每个业务流程完成企业日常生产经营管理所需的一项具体业务。与一级、二级业务能力域相对应,形成企业的一级、二级数据主题域,作为构建数据标准体系的基础。

准能集团业务能力分解如表 2-1 所示。

表 2-1　准能集团业务能力分解

序号	一级业务能力域(一级数据主题域)	二级业务能力域(二级数据主题域)
1	战略与资源管理	政策研究 战略管理 规划管理 资源管理 资源开发 现存资源管理
2	公司治理	公司治理结构管理 投资者关系管理 信息披露与内幕交易
3	风险管理	产业结构风险管理 财务风险管理 经营风险管理 决策风险管理 内部审计

表 2-1(续)

序号	一级业务能力域(一级数据主题域)	二级业务能力域(二级数据主题域)
4	企业绩效	“五型企业”建设 企业统计管理 经营分析 绩效管理
5	计划与预算	计划管理(编制、执行、监控、评估) 预算管理(编制、执行、监控、评估)
6	投资管理	投前决策 投资过程管理 投资后评估 投资项目备案
7	工程管理	项目前期管理 项目设计 项目计划 项目执行与监控 竣工结算 项目综合管理
8	物资管理	采购战略 需求管理 采购计划 采购寻源 采购执行 合同管理 供应商管理 监造管理 仓储管理 调拨与租赁 退货管理 质量管理 采购电子商务
9	生产运营指挥	生产计划管理 生产调度管理 调度安全管理及应急指挥

表 2-1(续)

序号	一级业务能力域(一级数据主题域)	二级业务能力域(二级数据主题域)
10	煤炭生产	生产设计 地质测量 采装管理 爆破管理 排土及辅助管理 供变电管理 采场排水管理 运输管理 煤质管理 车辆智能调度管理 分选加工 储装运管理 炸药生产管理
11	铁路运输	运输组织管理 车务管理 机务管理 工务管理 电务管理 车辆管理 供电管理
12	电力生产	生产准备管理 生产燃料管理 生产物料管理 生产运行管理
13	生产辅助	供电管理 供水管理 供气管理 供暖管理 生产服务管理
14	外购煤管理	外购煤采购管理 外购煤煤质管理 外购煤进场验收管理 外购煤发运管理 外购煤销售结算管理

表 2-1(续)

序号	一级业务能力域(一级数据主题域)	二级业务能力域(二级数据主题域)
15	班组管理	班组日常管理 班前会管理 工作任务管理 标准作业流程管理 班组安全生产 班组经济核算 班组绩效考核 班组培训管理 班组民主与思想文化建设
16	设备管理	设备规划 设备配套计划 台账管理 运行管理 维修管理 改造更新管理 封存管理 报废管理 对外调剂
17	安健环管理	本质安全体系管理 健康管理 环保管理 节能减排管理
18	科技与工艺	科技发展管理 科技交流与合作 科技成果与知识产权管理 博士后工作管理 技术标准管理 重大技术管理 专家人才管理
19	市场与销售	市场管理 销售计划 价格管理 产品管理 客户管理 合同管理

表 2-1(续)

序号	一级业务能力域(一级数据主题域)	二级业务能力域(二级数据主题域)
20	综合事务	文秘管理 档案管理 保密管理 出国管理 外部协调与接待
21	法律事务	法律事务咨询 法律纠纷与诉讼管理 合同管理 关联交易管理
22	财务管理	会计核算与合并 成本管理 资金管理 资产管理 税务管理 结算管理 财务分析及报告
23	人力资源管理	组织与岗位管理 岗位胜任能力管理 招聘管理 调配管理 薪酬福利与保险 员工绩效管理 员工发展管理 培训管理 干部管理 人事管理 劳动关系管理 社保管理
24	产权管理	价值评估 产权登记 长期股权投资管理 派出董事监事管理
25	信息化管理	信息化管理 信息化架构管理 信息化实施 信息化运维管理 信息安全管理

表 2-1(续)

序号	一级业务能力域(一级数据主题域)	二级业务能力域(二级数据主题域)
26	后勤服务	环境保洁 餐饮服务 秩序维护 维修服务 住宅管理 公寓服务 会议服务 绿化管护 幼教服务 社区服务 医疗卫生服务 车辆管理 酒店管理
27	企业运作	流程管理 制度管理 企业标准管理 组织机构管理 知识管理 管理提升 重组改制 指导监督及督办 运营许可及证照办理 综合体系管理
28	党群与企业文化	思想政治建设 党团组织建设 宣传教育 企业文化建设
29	工会工作	工会组织建设 职工权益维护 民主管理 劳动竞赛 职工活动管理
30	纪检监察	纪检监察
31	公共关系	媒体合作 新闻编辑管理 舆情管理 信访管理 征地及搬迁补偿管理 地企关系建设
32	治安保卫	治安保卫 消防管理

2.2.2 数据标准化体系框架

基于准能集团业务能力架构，结合神华集团信息化管理相关制度和总体要求，将准能集团一级业务能力划分为生产运营管理和企业经营管理两大业务域，并与数据分类相结合，构建准能集团数据标准化体系框架。

2.2.3 数据标准化体系

以准能集团数据标准体系框架为基础，从主数据、指标分析数据、业务数据、实时数据、数据管控体系和参考引用规范等维度构建准能集团数据标准化体系，如图 2-3 所示。

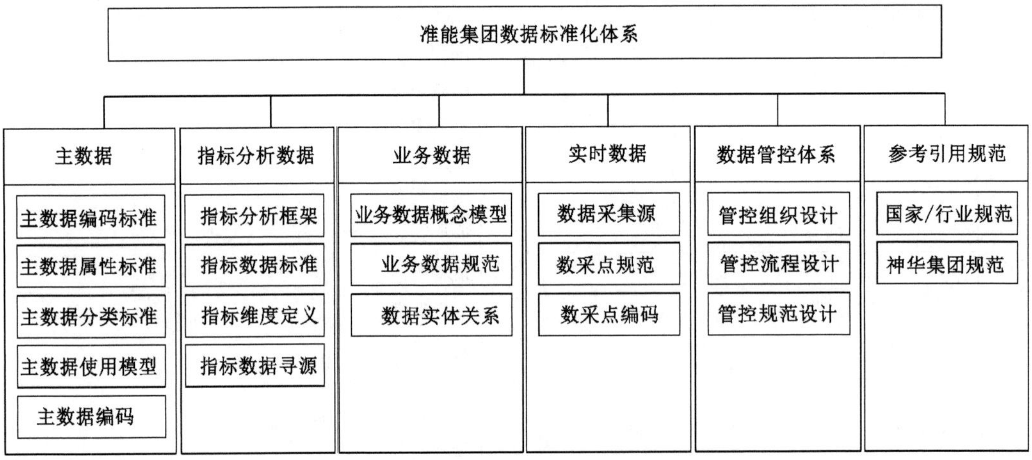

图 2-3 准能集团数据标准化体系

(1) 主数据：包括主数据编码标准、主数据属性标准、主数据分类标准、主数据使用模型、主数据编码等。

(2) 指标分析数据：包括指标分析框架、指标数据标准、指标维度定义和指标数据寻源等。

(3) 业务数据：包括业务数据概念模型、业务数据规范、数据实体关系等。

(4) 实时数据：包括数据采集源、数采点规范、数采点编码等。

(5) 数据管控体系：包括数据管控组织设计、管控流程设计和管控规范设计等。

(6) 参考引用规范：包括国家和行业规范、神华集团规范等。

准能集团数据标准化体系框架如图 2-4 所示。

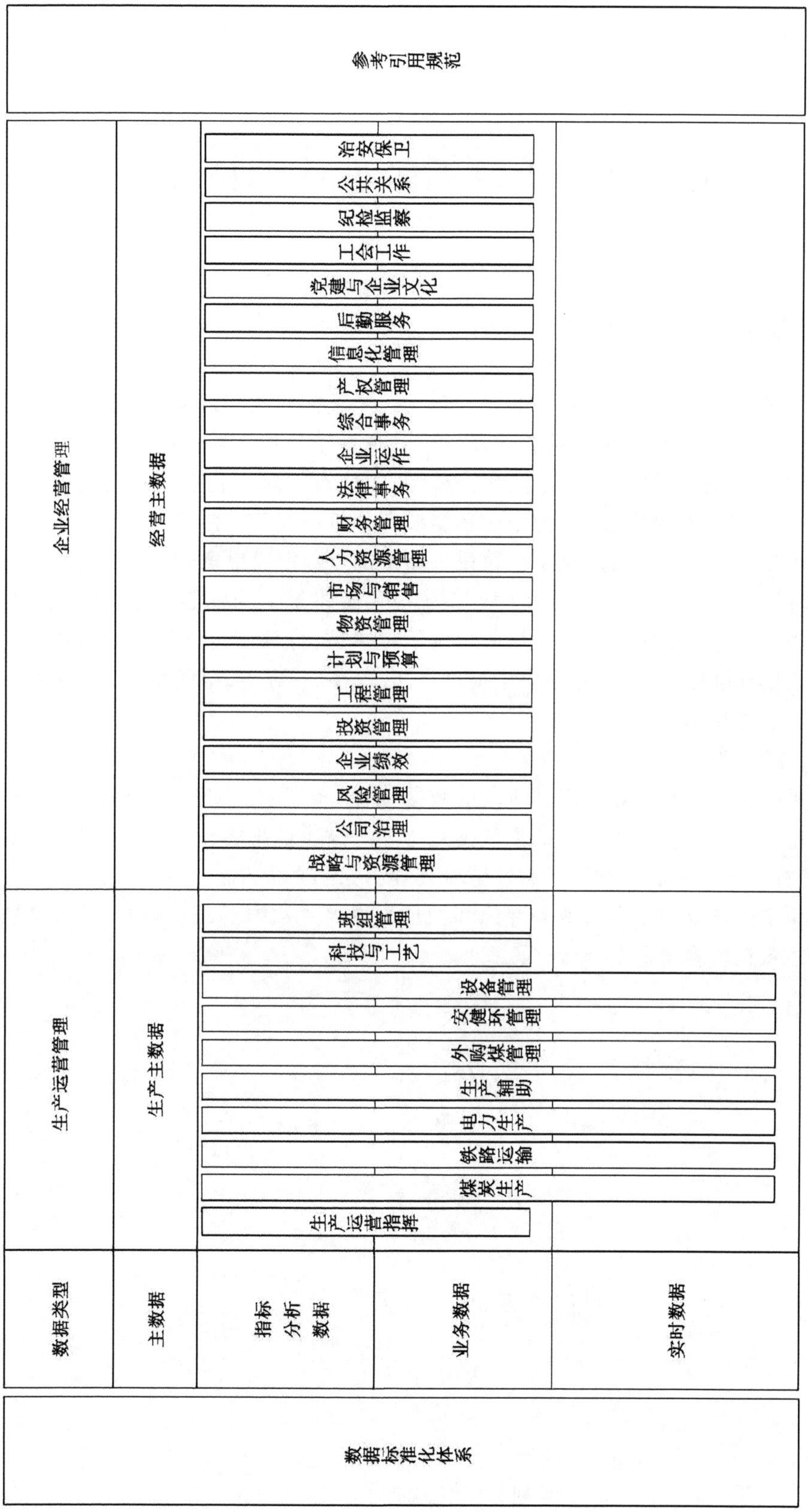

图2-4 准能集团数据标准化体系框架

第3章 主数据标准体系构建

3.1 主数据标准体系概述

主数据是企业应用系统中最基本的业务单元。主数据标准设计和编码设计作为信息化标准体系建设的重点内容,也是应用软件开发中的最基础工作。通过统一核心主数据源头和编码体系,确保核心主数据的一致性和完整性,才能有效解决企业应用之间的集成和共享,才能提升数据处理效率和质量,为企业数据统计分析和决策支持提供保障。

神华集团在流程优化与信息化工程建设中形成的主数据成果覆盖了统一建设类业务和信息系统,但尚未对各子分公司自建类生产系统应用提供统一的核心主数据及规范标准支持。准能集团作为神华集团数字露天煤矿建设示范单位,应该制定适用于准能集团生产系统应用的主数据标准体系,为业务和应用提供真实、完整、一致、规范的基础数据支撑。

3.1.1 主数据基本概念

(1) 主数据定义

主数据是描述企业核心业务活动对象的数据,如图 3-1 所示。它一般具有可唯一识别、共享和相对稳定等特点。神华集团的主数据是指那些描述企业核心业务对象或实体的基本业务数据,是神华集团所有生产运行和经营管理业务进行的基础。这些主数据长期存在并且被长期应用于神华集团的多个业务部门和信息系统。主数据的编码数据、属性数据及分类数据构成主数据内容的重要部分。

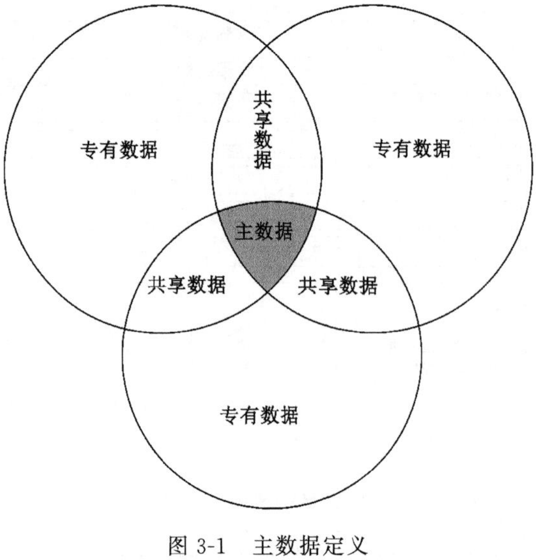

图 3-1 主数据定义

（2）主数据标准定义

主数据标准是企业内部对主数据权威的、标准化、规范化的定义。主数据标准包括数据标准、质量标准、安全标准以及质量评价指标体系。数据标准包括业务标准和技术标准：业务标准是对主数据业务属性的定义，包括属性定义、分类类型及业务解释；技术标准是对主数据技术属性的定义，包括编码规则、数据类型、格式等内容的规范化定义。

（3）主数据特点

对于主数据的理解，可以从数据实体的角度去进一步认识和认知。根据数据实体在应用系统的分布和共享程度，可以把数据实体分为主数据、共享数据、专有数据。专有数据是为满足特定业务类型所需要的数据，不需要与其他系统或用户进行共享的一类数据。共享数据是在业务部门之间、业务系统之间共同使用的数据。

主数据是企业最核心的基本业务数据，用于描述企业核心业务实体、对象及其关键特征，通常长期存在并且被重复应用于多个业务部门和信息系统，是最容易产生数据一致性问题的一类数据。相较于企业应用中的业务数据、指标数据等其他类型数据，主数据具有唯一性、完整性、可控性、时效性和准确性等特点。主要数据涉及员工、组织机构、物资、供应商、客户、项目、合同等。

基于主数据的特点和神华集团主数据管理规定要求，准能集团主数据标准化体系设计将以准能集团业务需求和管控模式为基础，对主数据对象编码规范以及分类标准、属性标准和使用模型进行详细设计，以保证主数据在应用系统协同的一致性和数据分析维度的一致性。数据质量、数据安全及管理维护等数据管控内容在准能集团数据标准化体系中统一编制。

3.1.2　主数据标准体系设计目标

建立准能集团统一的主数据标准、管理流程和管理平台，保证企业信息化建设过程中的业务一致性和数据一致性，为准能集团实现系统集成、数据共享、业务协同、精细核算、决策分析等一体化高效企业运营做好信息化保障。

其具体工作目标如下所示。

（1）遵循神华集团及准能集团相关规范和标准，制定准能集团统一的主数据标准和编码规范，充分考虑兼容性、实用性、可扩展性和可操作性等原则，以满足准能集团数字矿山建设等企业信息化建设需求，最终实现企业信息向资产的转化，从而提升洞察力，进而提高业务决策能力及行动力。

（2）建立统一的主数据管控体系，使得数据资产权责清晰、管控模式方法科学、管控过程有法可依，实现主数据的全生命周期管理，持续提升准能集团的数据质量水平和数据安全水平，为信息化应用打造准确、完整、一致、安全的良好数据环境。

（3）建设统一的主数据管理平台，实现主数据编码管理、维护流程管理和数据集成共享管理的落地和推广，为准能集团信息化系统建设、数据共享、决策分析等应用提供全面、准确和及时的主数据服务和支持。

3.1.3　主数据标准体系框架

主数据标准体系建设内容主要包括主数据编码规则、属性标准和分类标准以及为保证数据安全与数据质量可控制的使用模型设计。通过组织、制度、流程等数据管控体系设计和平台建设，保证主数据标准的落地、使用和维护。主数据标准体系组成如图 3-2 所示。

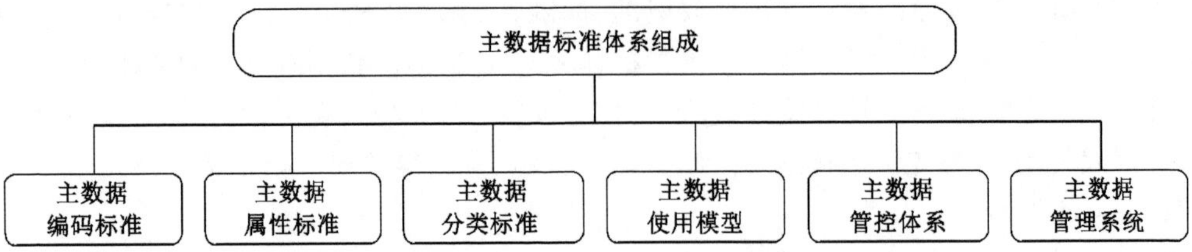

图 3-2　主数据标准体系组成

主数据标准体系具体构成如表 3-1 所示。

表 3-1　主数据标准体系具体构成

序号	体系组成部分	内容描述
1	主数据编码标准	主数据编码方式、规则及具体编码方案
2	主数据属性标准	规范主数据固有属性特征信息，涵盖跨部门、跨业务系统共享属性和关键业务信息
3	主数据分类标准	包括基础数据和参考类数据，如度量单位、国家地区编码等；主数据属性中维度类数据分类标准规范和定义，如神华业务板块分类、煤矿开采类型、煤种类型等
4	主数据使用模型	从应用视角制定数据用户对数据的操作权限，即使用模型设计，明确数据对象在各应用系统的存取权限，保障数据源的一致性
5	主数据管控体系	包括数据管理组织、制度和流程设计，通过管理体系设计实现主数据全生命周期管理
6	主数据管理系统	构建主数据管理平台，利用技术手段实现主数据标准化和管理过程的落地

3.1.4　主数据标准设计范围与编码策略

准能集团主数据标准体系设计范围覆盖煤炭、铁路和电力三大生产板块及总部管理业务。主标准设计过程中以准能集团总体业务架构为基础，充分结合数字矿山和信息化项目建设需求，进行主数据识别和规范设计。准能集团主数据分布如图 3-3 所示。

基于准能集团业务特点，分别从经营和生产两大业务主题域，从煤炭、电力、铁路三大板块及相关辅助板块进行了核心主数据识别。

(1) 经营主数据：包括员工、组织机构、预算科目、合同等主数据，以及采购煤种、煤源供应商、商品煤种、设备管理等神华集团流程优化与信息化工程建设中的数据。神华集团主数据管理系统对经营数据进行统一管理和维护。在准能集团信息化建设过程中，可根据实际应用需求对现有经营主数据标准进行直接引用。

(2) 生产主数据：覆盖准能集团煤炭、铁路、电力三大生产板块及相关专业管理业务，并根据实际应用需求识别出核心生产主数据。生产主数据由准能集团进行自主统一编码、管理和维护。未来随着准能集团信息化建设的推进和深入，主数据标准范围和内容将会逐步扩大和的持续完善。

准能集团主数据编码总体策略如表 3-2 所示。

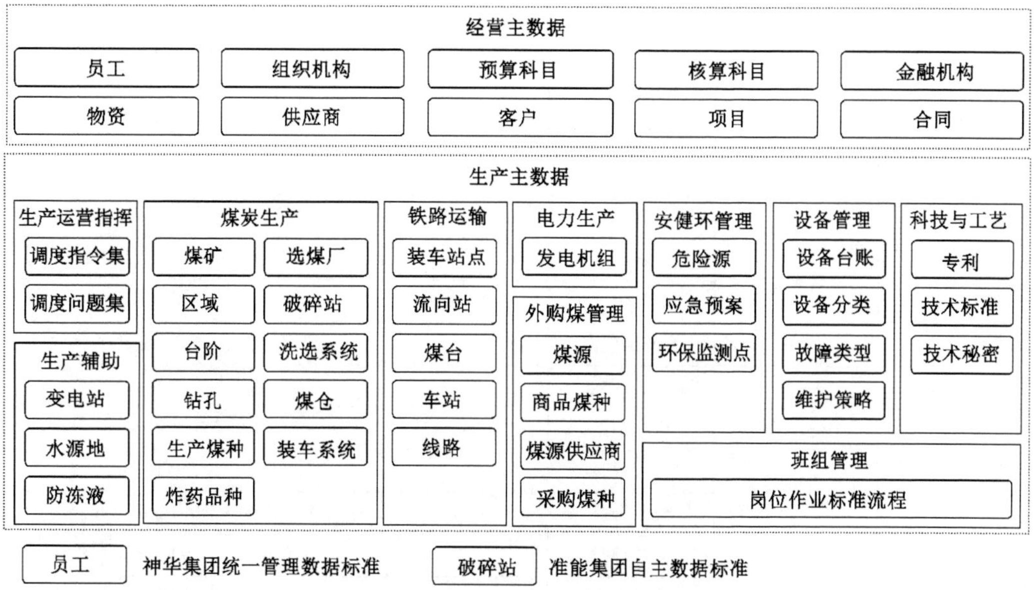

图 3-3　准能集团主数据分布

表 3-2　准能集团主数据编码总体策略

一级业务能力域		主数据项	业务归口部门	编码策略
生产主数据	生产运营指挥	调度问题集		暂不具备编码条件
		调度指令集		暂不具备编码条件
	煤炭生产	煤矿		自主编码
		区域		自主编码
		台阶		自主编码
		选煤厂		自主编码
		破碎站		自主编码
		分选系统		自主编码
		煤仓		自主编码
		装车系统		自主编码
		钻孔		自主编码
		生产煤种		自主编码
		炸药品种		自主编码
	铁路运输	装车站点		自主编码
		流向站		自主编码
		煤台		自主编码
		车站		自主编码
		线路		自主编码
	电力生产	发电机组		自主编码

表 3-2(续)

一级业务能力域		主数据项	业务归口部门	编码策略
生产主数据	生产辅助	变电站		自主编码
		水源地		自主编码
		防冻液		自主编码
	外购煤管理	煤源		自主编码
		采购煤种		引用神华 MDM-电商平台
		商品煤种		引用神华 MDM-CRM
		煤源供应商		引用神华 MDM-电商平台
	安健环管理	危险源		自主编码
		应急预案		自主编码
		环保监测点		自主编码
	设备管理	设备台账		引用神华 MDM-ERP 设备模块
		设备分类		引用神华 MDM-ERP 设备模块
		故障类型		引用神华 MDM-ERP 设备模块
		维护策略		引用神华 MDM-ERP 设备模块
	科技与工艺	专利		自主编码
		技术标准		自主编码
		技术秘密		自主编码
	班组管理	岗位标准作业流程		引用岗位标准作业流程系统
经营主数据	战略与资源管理			
	公司治理			
	风险管理			
	企业绩效			
	投资管理	项目		引用神华 MDM-投资管理系统
	工程管理			
	计划与预算	预算科目		引用神华 MDM-全面预算系统
	物资管理	物资		引用神华 MDM-ERP 物资模块
		供应商		引用神华 MDM-SRM
	市场与销售	客户		引用神华 MDM-CRM
	人力资源管理	员工		引用神华 MDM-ERP 人资模块
	财务管理	组织机构		引用神华 MDM-ERP 人资模块
	法律事务	公司		引用神华 MDM-ERP 人资模块
	企业运作	核算科目		引用神华 MDM-ERP 财务模块
	综合事务	金融机构		引用神华 MDM-ERP 财务模块
	产权管理	合同		引用神华 MDM-法务管理系统
	信息化管理			

表 3-2(续)

一级业务能力域		主数据项	业务归口部门	编码策略
经营主数据	后勤服务			
	党建与企业文化			
	工会工作			
	纪检监察			
	公共关系			
	治安保卫			

注:未来神华集团铁路板块、电力板块及科技与工艺、安健环等专业管理业务主数据统一建设可能性较大。为满足当前准能集团信息化建设需要,可通过对识别出的核心主数据进行赋码管理,将来可通过映射的方式实现与神华集团统建主数据标准的对接。

3.1.5　主数据编码原则

制定主数据编码标准过程中,为保证其科学性和实用性,编码标准的制定主要遵循以下原则。

(1) 唯一性

任何一个主数据编码在准能集团范围内所有单位、应用系统中唯一标识某个对象。

(2) 兼容性

尽量考虑能够兼容多年积累的现有编码标准,在能满足业务需要的前提下,编码结合现有模式,以便于新旧编码的切换,减少从旧编码切换到新编码工作的人力、时间成本。

(3) 可扩展性

编码标准的制定要考虑对现有业务的支撑,同时要考虑对未来业务的适应性,保留合理的扩展性。

(4) 稳定性

编码标准的制定要充分考虑其稳定性,尽量避免由于业务变化、组织机构变化等因素导致编码的变更。

(5) 可识别性

可根据业务需要,在尽量保证编码稳定性的前提下,对编码适当赋予业务含义,便于业务人员使用。

3.2　主数据标准体系设计

3.2.1　主数据编码标准

3.2.1.1　煤炭生产

(1) 煤矿

数据项定义:准能集团自有煤矿和代管煤矿。

编码规则:煤矿编码采用 3 位定长流水码。

规则说明:编码格式为 AAA,即 3 位流水编码。

编码首位为标识码,区别煤矿类型。

准能集团煤矿类别及编码范围如表 3-3 所示，准能集团露天煤矿编码如表 3-4 所示。

煤矿的所有信息(包括组织机构、归属公司、煤矿类型、煤矿状态、核定产能等)均放在煤矿属性中定义。

表 3-3　准能集团煤矿类别及编码范围

煤矿类别	煤矿编码范围	备注
露天煤矿	100～199	
井工煤矿	200～499	
预留	500～999	

表 3-4　准能集团露天煤矿编码

煤矿名称	编码方案	备注
黑岱沟露天煤矿	101	
哈尔乌素露天煤矿	102	
西湾露天煤矿	103	

(2) 区域

数据项定义：露天矿根据矿区生产设计进行专业的区域划分。其包括开采作业区域和排土作业区域。

编码规则：2 级 3 位定长流水码。

规则说明：编码格式为 ABB，即 2 级 3 位定长流水编码，BB 编码范围为 01～99。

A 为标识码，区别不同露天煤矿台阶编码，其中 1 代表黑岱沟露天煤矿，2 代表哈尔乌素露天煤矿，其他预留。

区域编码初始化编制按煤矿区域现有划分顺序进行。区域的所有信息(包括区域状态、归属煤矿等)均放在属性中定义。

区域编码示例如表 3-5 所示。

表 3-5　区域编码示例

煤矿名称	区域名称	编码方案	备注
黑岱沟露天煤矿	内排一条区	104	
哈尔乌素露天煤矿	一条区	201	
哈尔乌素露天煤矿	内排一条区	202	

(3) 台阶

数据项定义：露天煤矿的最小开采单位，是根据煤层划分为若干具有一定高度的水平分层，在准能集团通常以 15 m 的高度划分一个台阶，并以实际海拔高度命名。

编码规则：2 级 3 位定长流水码。

规则说明：编码格式为 ABB，即 2 级 3 位定长流水编码，编码范围为 100～999。

A 为标识码，区别不同露天煤矿台阶编码，其中 1 代表黑岱沟露天煤矿，2 代表哈尔乌素露天煤矿，其他预留。

台阶编码初始化编制按煤矿台阶划分顺序进行。

台阶的所有信息[包括煤矿编码、台阶高度（米）、台阶宽度（米）、坡面角（度）等]均放在属性中定义。

台阶编码示例如表 3-6 所示。

表 3-6　台阶编码示例

台阶名称	编码方案	备注
1120	01	
1135	02	
1150	03	

（4）选煤厂

数据项定义：选煤厂是配套露天煤矿生产的地面加工厂实体，隶属于准能选煤厂组织机构（区别于组织编码），包括准能自有选煤厂及代管选煤厂。

编码规则：2 位定长流水码。

规则说明：编码方式为 AA，即 2 位定长流水编码，编码范围为 01～99。

选煤厂编码初始化编制按准能集团现有选煤厂顺序进行。

以后新增选煤厂时由系统按编码规则自动顺延。

选煤厂的所有信息（包括上级组织机构名称、公司编码、年生产能力、投产日期等）均放在选煤厂属性中定义。

选煤厂编码示例如表 3-7 所示。

表 3-7　选煤厂编码示例

选煤厂名称	编码方案	备注
黑岱沟选煤厂	01	
哈尔乌素选煤厂	02	

（5）破碎站

数据项定义：选煤厂配套破碎系统，原料煤通过破碎站破碎加工后进入毛煤仓，总调生产报表中根据破碎站分别统计周期生产量。

编码规则：2 级 4 位定长编码。

规则说明：编码格式为 AABB，即 2 位选煤厂编码＋2 位流水编码。其中流水编码范围为 01～99。

破碎站编码初始化编制按选煤厂破碎站现有顺序进行。

破碎站的所有信息（包括破碎生产能力、选煤厂编码等）均放在属性中定义。

选煤厂编码示例如表 3-8 所示。

表 3-8 选煤厂编码示例

选煤厂名称	选煤厂编码	破碎站名称	编码方案	备注
黑岱沟选煤厂	01	1 号破碎站	0101	
		2 号破碎站	0102	
		3 号破碎站	0103	
哈尔乌素选煤厂	02	1 号破碎站	0201	
		2 号破碎站	0202	
		3 号破碎站	0203	

(6) 分选系统

数据项定义:选煤厂配套产品煤分选加工系统,并根据产品要求选取重介、跳汰、干选、浮选等工艺,以适应煤炭市场变化的需求。

编码规则:2 级 4 位定长编码。

规则说明:编码格式为 AABB,即 2 位选煤厂编码+2 位流水编码。其中流水编码范围为 01～99。

分选系统编码初始化编制按选煤厂分选系统现有顺序进行。

分选系统的所有信息(包括选煤厂编码、分选工艺类别、年生产能力、承建单位、投产日期等)均放在属性中定义。

选煤系统编码示例如表 3-9 所示。

表 3-9 选煤系统编码示例

选煤厂名称	选煤厂编码	分选系统名称	编码方案	备注
黑岱沟选煤厂	01	分选一系统	0101	
		分选二系统	0102	
		分选三系统	0103	
哈尔乌素选煤厂	02	分选一系统	0201	
		分选二系统	0202	

(7) 煤仓

数据项定义:煤仓是准能集团在配套煤炭破碎分选生产过程中需要放置煤的容器,用于存放毛煤和产品煤的临时存储。

编码规则:2 级 4 位定长编码。

规则说明:编码格式为 AABB,即 2 位选煤厂编码+2 位流水编码。其中流水编码范围为 01～99。

煤仓编码初始化编制按选煤厂煤仓现有顺序进行。

煤仓的所有信息[包括煤仓储煤类型、归属单位/组织机构、归属单位/组织机构编码、容量(吨)等]均放在属性中定义。

煤仓编码示例如表 3-10 所示。

表 3-10　煤仓编码示例

选煤厂名称	选煤厂编码	煤仓名称	编码方案	备注
黑岱沟选煤厂	01	1 号毛煤仓	0101	
		2 号毛煤仓	0102	
		1 号产品仓	0121	
		2 号产品仓	0122	
		3 号产品仓	0123	
		4 号产品仓	0124	
哈尔乌素选煤厂	02	1 号毛煤仓	0201	
		2 号毛煤仓	0202	
		1 号产品仓	0221	

(8) 装车系统

数据项定义:配套选煤厂的自动装车系统,用于铁路运输快速装车发运。本主数据实体适用于准能集团范围内装车站点所有配套装车系统。

编码规则:2 级 4 位定长流水编码。

规则说明:编码格式为 AABB,即 2 位选煤厂编码+2 位流水编码。其中流水编码范围为 01～99。

装车系统初始化编制按装车站点系统现有顺序进行。

以后新增装车系统时由系统按编码规则自动顺延。

装车系统的所有信息(包括装车系统名称、简称、对应环线等)均放在属性中定义。

装车系统编码示例如表 3-11 所示。

表 3-11　装车系统编码示例

选煤厂	选煤厂编码	装车系统名称	编码方案	备注
黑岱沟选煤厂	01	1 号装车系统	0101	
		2 号装车系统	0102	
哈尔乌素选煤厂	02	1 号装车系统	0201	
		2 号装车系统	0202	

(9) 钻孔

数据项定义:准能集团两矿地质钻孔数量、位置、参数及状态信息。

编码规则:2 级 8 位流水码。

规则说明:

编码方式为 AAABBBBB。AAA 为煤矿编码;BBBBB 为 5 位流水编码,编码范围为 00001～99999。

钻孔编码初始化编制按现有顺序进行。

以后新增钻孔时由系统按编码规则自动顺延。

钻孔的所有信息(包括孔号、标高、深度、地质信息等)均放在属性中定义。

钻孔编码示例如表 3-12 所示。

表 3-12　钻孔编码示例

煤矿名称	钻孔编码	孔号	标高	深度
黑岱沟露天煤矿	10100001	G001		
	10100002	G002		
	10100003	G003		

(10) 生产煤种

数据项定义：准能集团范围内定义露天矿和分选生产煤种，如毛煤、原料煤、6 上、6 中、6 下、优精、劣精、优末、劣末等，区别于神华集团统一管理的商品煤种和采购煤种。

编码规则：3 位定长流水编码。

规则说明：编码格式为 AAA，即 3 位定长流水编码，编码范围为 001～999。

生产煤种的所有信息(包括煤种名称类别、热值等)均放在属性中定义。

生产煤种编码示例如表 3-13 所示。

表 3-13　生产煤种编码示例

生产煤种名称	编码方案	备注
优煤	001	
劣煤	002	
6 上	003	
6 中	004	
6 下	005	
优精	006	
劣精	007	

(11) 炸药品种

数据项定义：准能集团炸药厂生产的炸药品种，包括重铵油炸药、重乳化炸药和铵油炸药。

编码规则：2 位定长流水码。

规则说明：编码方式为 AA，即 2 位定长流水编码，编码范围为 01～99。

炸药编码初始化编制按准能集团现有炸药生产品种进行。

炸药品种编码示例如表 3-14 所示。

表 3-14　炸药品种编码示例

炸药品种名称	炸药品种类型	编码方案	备注
重铵油炸药 10#	重铵油炸药	01	
重铵油炸药 11#	重铵油炸药	02	
重铵油炸药 12#	重铵油炸药	03	

3.2.1.2　铁路运输

(1) 装车站点

数据项定义:准能集团铁路发运装车站点,包括管内装车站点、外购煤装车站点及外部代运装车站点。

编码规则:装车站点编码方式为 AAA,即 3 位定长流水码,编码范围为 001～999。

装车站点简称、货运类别、装车站地址、所属区域等属性信息可根据实际业务需求在应用系统中进行维护。

装车站点编码示例如表 3-15 所示。

表 3-15　装车站点编码示例

装车站点	编码方案	备注
薛家湾	001	
南坪	002	
肖家湾	003	
周家湾	501	

(2) 流向站

数据项定义:准能集团铁路发运货车流向站点,包括大准自主发运、代销代运和过轨车辆,用于货物运输统计分析和货物追踪。

编码规则:流向站编码方式为 AAA,即 3 位定长流水码,编码范围为 001～999。

其中 001～300 为区内流向编码范围,301～999 为区外流向编码范围。

流向站编码示例如表 3-16 所示。

表 3-16　流向站编码示例

流向站名称	编码方案	货运流向	货运流向区域
唐公塔	101	区内直达	区内
黄骅港	301	下水	区外
大同东	305	区外直达	区外

(3) 煤台

数据项定义:准能集团铁路沿线煤台,主要供外购煤及地方客户煤源装车发运货位使用。

编码规则:煤台编码方式为 AAA,即 3 位定长流水码,编码范围为 001～999。

煤台编码初始化编制按现有煤台进行。

以后新增煤台时由系统按编码规则自动顺延。

煤台编码示例如表 3-17 所示。

表 3-17　煤台编码示例

煤台名称	编码方案	装车站点
天和煤台	001	点岱沟
五道煤台	002	唐公塔
集装站	003	唐公塔
二道河煤台	501	二道河

(4) 车站

数据项定义:神华集团铁路范围内线路车站,包括技术站、中间站、会让站等各类车站,用于标识车站在业务数据共享中的唯一性。

编码规则:4 位定长流水编码。

规则说明:编码格式为 AAAA,即 4 位定长流水编码,编码范围为 0001～9999。

同一条线上车站代码尽可能连续,以干线划分区域,区域内车站代码按运行方向顺序排列递增或递减。

车站编码示例如表 3-18 所示。

表 3-18　车站编码示例

车站名称	编码方案	备注
燕庄	1101	
黍地沟	1102	
十九沟	1103	

(5) 线路

数据项定义:神华集团范围内各铁路干线、支线、联络线,以及外部接轨铁路线路,用于唯一标识别铁路线路和货物运输统计分析。

编码规则:借鉴《中华人民共和国铁路线路名称代码》(GB/T 25344—2010)。

编码方式为ABBB,即 2 级 4 位定长编码。

其中 A 代表线路类型。

① 干支线,神华铁路骨干运输线路及由干线分支出来的次要铁路线;

② 联络线,用于两铁路干线之间的联络;

③ 专用线,沿线煤炭、电厂等企业内部运输服务的铁路线路;

④ 神华集团外部线路,用于标识和区别神华集团内部铁路线路。

其中 BBB 代表铁路线路,编码方式为 3 位流水码,编码范围为 001～999。

铁路线路编码示例如表 3-19 所示。

表 3-19　铁路线路编码示例

铁路线路	编码方案	备注
大准铁路	1001	
准池铁路	1002	
朔黄铁路	1003	
大秦铁路	9001	

3.2.1.3　电力生产

(1) 发电机组

数据项定义:准能集团所属电厂发电机组,机组编码主要用于生产调度、统计和报表分析。

编码规则:2 位定长流水编码。

规则说明:编码方式为 AA,即 2 位定长流水码,编码范围为 01～99。

发电机组编码初始化编制按准能集团电厂场现有发电机组顺序进行,同一电厂机组编码时预留 2 位。

发电机组编码示例如表 3-20 所示。

表 3-20　发电机组编码示例

电厂	发电机组	编码方案	备注
矸电公司	1 号机组	01	
矸电公司	2 号机组	02	
矸电公司	3 号机组	03	

3.2.1.4　生产辅助

(1) 变电站

数据项定义:准能集团用于中心区及露天矿等生产区域的供变电系统,包括固定变电站和移动变电站。

编码规则:2 位定长流水编码。

规则说明:编码规则为 AA,即 2 位定长流水码,编码范围为 01～99。

变电站编码初始化编制按准能集团供电公司及生产现场现有变电站顺序进行。

以后新增变电站时由系统按编码规则自动顺延。

变电站的所有信息(包括电压等级、供电区域、地址)等均放在属性中定义。

变电站编码示例如表 3-21 所示。

表 3-21　变电站编码示例

变电站名称	编码方案	备注
黑岱沟变电站	01	
哈尔乌素变电站	02	

(2) 水源地

数据项定义:准能集团所管理的水源地,包括地下水和地表水源。

编码规则:2 位定长流水编码。

规则说明:编码规则为 AA,即 2 位定长流水码,编码范围为 01～99。

水源地编码初始化编制按准能集团管理的现有水源地顺序进行。

水源地编码示例如表 3-22 所示。

表 3-22 水源地编码示例

水源地名称	编码方案	备注
唐公塔水源地	01	
陈家沟门南水源地	02	

(3) 防冻液

数据项定义:准能集团生产服务中心为露天煤矿冬季生产和煤炭运输生产的防冻液。其包括车体、道路及其他用途防冻液。

编码规则:2 位定长流水编码。

规则说明:编码规则为 AA,即 2 位定长流水码,编码范围为 01～99。

防冻液编码初始化编制按准能集团管理的现有防冻液顺序进行。

防冻液编码示例如表 3-23 所示。

表 3-23 防冻液编码示例

防冻液名称	编码方案	备注
车体喷洒防冻液	01	
道路喷洒防冻液	02	

3.2.1.5 外购煤管理

(1) 煤源

数据项定义:煤的具体产区和来源,包括准能集团自产煤和外购煤,用于生产和销售分类统计。

编码规则:4 位定长流水编码。

规则说明:编码规则为 AAAA,即 4 位定长流水编码,编码范围为 0001～9999。

编码首位为标识码,区别于自产煤和外购煤。

A 为 1 位煤源分类代码,1 代表自产煤,2 代表外购煤。

煤源编码示例如表 3-24 所示。

表 3-24 煤源编码示例

煤源分类	煤矿编码范围	备注
自产	1000～1999	
外购	2000～2999	
其他	3000～9999	
预留	0001～0999	

(2) 采购煤种

数据项定义:煤炭经销公司用于准能集团平衡生产、补充煤源的外购煤。根据需求制定煤购煤种。

编码规则:8 位定长数字流水码。

规则说明：编码规则为 AAAAAAAA，即 8 位定长流水码，编码范围为 00000001～99999999。

采购煤种的所有信息（包括热值、硫分、水分、粒度、挥发分等）均放在属性中定义。

采购煤种编码示例如表 3-25 所示。

表 3-25　采购煤种编码示例

采购煤种名称	编码方案	备注
		待补充完善

（3）商品煤种

数据项定义：神华各公司生产的并且用以销售的煤焦、煤化工商品。其包括煤炭、焦炭、煤制油、煤化工商品等。

编码规则：8 位定长数字流水码。

规则说明：编码规则为 AAAAAAAA，即 8 位定长流水码，编码范围为 00000001～99999999。

商品煤种的所有信息（包括生产单位、加工方式代码、主要用途代码、商品名称、商品简称、装车名称、产地等）均放在属性中定义。

商品煤种编码示例如表 3-26 所示。

表 3-26　商品煤种编码示例

商品煤种名称	编码方案	备注
神华混煤 1 号-5500	80000209	
神华准混 2 号-4900	80000219	
神华准混 5 号-4300	80000220	

3.2.1.6　安健环管理

（1）危险源

数据项定义：可能导致伤害或疾病、财产损失、工作环境破坏或这些情况组合的根源或状态。

编码规则：5 位定长流水编码。

规则说明：编码方式为 AAAAA，即 5 位定长流水编码，编码范围为 00001～99999。

危险源编码初始化编制按准能集团现有危险源分类规则和顺序进行。

危险源编码示例如表 3-27 所示。

表 3-27　危险源编码示例

危险源名称	编码方案	备注
误碰带电设备	00011	
计量表箱漏电	00012	

（2）应急预案

数据项定义：面对准能集团日常安全生产发生的各类突发事件的应急管理、指挥和援救计划等预案。

编码规则：4位定长流水编码。

规则说明：编码方式为AAAA，即4位定长流水编码，编码范围为0001～9999。

应急预案编码示例如表3-28所示。

表3-28　应急预案编码示例

应急预案分类	编码方案	备注
火灾应急预案	0001	
雨季应急预案	0002	

（3）环保监测点

数据项定义：根据国家和神华集团环保要求在准能集团范围内所设置的空气、噪音、水质等环保监测区域或点位。环保监测点数据项在准能集团数据库中可只做赋码和唯一标识管理。数据项属性和可读性含义编码可在应用中维护。

编码规则：3位定长流水编码。

规则说明：编码方式为AAA，即3位定长流水编码，编码范围为001～999。

环保监测点在进行初始化编制时按准能集团现有监测点顺序进行。

环保监测点编码示例如表3-29所示。

表3-29　环保监测点编码示例

监测指标	环保监测点	编码方案	备注
TSP	黑岱沟矿区	001	
TSP	哈尔乌素矿区	002	
COD、氨氮、总磷	准能集团公用事业公司污水处理厂	003	

3.2.1.7　科技与工艺

（1）专利

数据项定义：依法获得国务院专利行政部门授权的发明专利、实用新型专利和外观设计专利。准能集团专利范围包括公司所有员工和组织机构。所有专利可以在准能集团范围内共享。

编码规则：8位定长无意义流水码。

规则说明：编码方式为AAAAAAAA，采用8位定长无意义流水码。

已有专利的编码编制按申请时间统一赋予流水号。

专利编码示例如表3-30所示。

表 3-30　专利编码示例

专利名称	编码方案	备注
铵油炸药及其制造工艺	00000001	
一种明桥面线路	00000002	

（2）技术标准

数据项定义：在集团公司生产建设、经营管理、新产品开发和加快与国际接轨等过程中没有国家标准和行业标准可依，或国家标准和行业标准不能满足技术管理需求，集团需要协调、统一技术要求时所制定的标准。技术标准按照国家标准《企业标准体系 技术标准体系》(GB/T 15497—2003)制定，是集团公司非专利技术的一种。

编码规则：8 位定长无意义流水码。

规则说明：编码方式为 AAAAAAAA，即采用 8 位定长无意义流水码，编码范围为00000001～99999999。

技术标准的所有信息（包括技术标准代码、产品技术标准编号、提交单位等信息）均放在属性集中定义。

技术标准编码示例如表 3-31 所示。

表 3-31　技术标准编码示例

技术标准名称	编码方案	备注
拉斗铲无运输倒堆工艺规范	10000001	
露天煤矿抛掷爆破技术规范	10000002	

3.2.1.8　班组管理

班组管理的重点是岗位作业标准流程管理。

数据项定义：操作岗位作业标准流程，用于规范基层人员日常工作。

编码规则：采用组合码方式。

规则说明：流程编码由流程标识符、业务板块、分类码和顺序号四部分组成。分类码由神华集团统一管控。在分类上目前支撑覆盖到神华集团井工煤矿、露天煤矿、选煤厂的主要工种。

每部分按照专业设备进行划分。

① 井工煤矿：按采煤、掘进、机电运输、一通三防和地质测量分类。

② 露天煤矿：按采装、穿孔、爆破、排土及辅助、运输、供变电、地质测量及采场排水分类。

③ 选煤厂：按分选、运输、筛分破碎、脱水、装车、集控、辅助、检修通用分类。

岗位作业标准流程编码示例如表 3-32 所示。

表 3-32　岗位作业标准流程编码示例

岗位作业标准流程名称	流程编码	责任编制部门	备注
穿孔作业标准流程	SHPM-12-A01010101-0001	露天矿	
爆破作业标准流程	SHPM-12-A01010101-0001	炸药厂	

3.2.1.9 人资管理

(1) 员工

数据项定义:员工主数据是人事管理核心业务活动对象的数据。

员工是指主数据“组织机构”范畴中所有“单位”[包括神华集团公司及股份公司、各级子(分)公司、各级子(分)公司下设的各级具有法人资格的单位及分支机构,直至类推到最末级的法人资格单位及分支机构]的所有下属业务部门中(包括总部机关、部门、科室、区队、班组)已经和单位签订劳动合同的自然人,包括各种用工形式的员工。

编码规则:采用8位定长数字流水码。

规则说明:编码方式为AAAAAAAA,即采用8位定长数字流水码,编码范围为00000001～99999999。

员工的所有信息(包括身份证号、所属公司、岗位级别等)均放在员工属性中定义。

员工编码唯一标识一个员工,一经生成终生不变。

查重规则:人资编码全局唯一。

员工编码示例如表3-33所示。

表3-33 员工编码示例

一级单位	二级单位	三级单位	部门名称	员工名称	员工编码
中国神华能源股份有限公司					
	准能集团				
		黑岱沟煤矿			
			采煤队		
			采煤队队长	张某	00001000
			采煤队副队长	李某	00001001
			采煤队班组1	王某	00001002
			采煤机班组1	吴某	00001003

(2) 组织机构

数据项定义:组织机构主数据是组织管理核心业务活动对象的数据。其包括单位、部门、班组。

“单位”是指独立进行生产经营活动的组织。符合下列条件之一者为单位:

① 具备工商注册登记号(包括具有独立法人资格和不具有独立法人资格),简称注册单位。

② 不具备工商注册登记号但同时满足下列两个条件,简称非注册单位:

(A) 有独立的组织机构名称(公章),有独立的办公地点或生产(业务)场所;

(B) 上级单独向其下达用工和薪酬计划,独立制表发放工资。

“部门”是指“单位”内设立的分支机构或组织。部门包括:各级机关下设机构(如人力资源部、安全管理部)、生产经营机构(如车间、区队)、生产辅助机构(如煤矿附属的分选车间、维修车间)、后勤服务机构(如煤矿附属的服务机构、后勤部)等。

“班组”是指“部门”内设立的劳动组织单元。

如果某个组织机构同时满足上述多项定义，那么该组织机构按照“单位”“部门”“班组”的先后顺序确定其唯一定义。若某组织机构既满足“部门”定义同时又满足“单位”定义，则该组织机构定义为“单位”。

编码规则：采用8位定长数字流水码。

规则说明：编码方式为AAAAAAAA，采用8位定长数字流水码。

组织机构主数据编码中以0～8开头的号码段为主数据编码范围，由主数据管理平台使用，以9开头的号码段预留给各业务部门，各业务部门根据自身业务需要进行组织机构私有数据的扩展。

初始编码和以后新增组织机构时均按公司分组进行顺序编码。

组织结构的所有信息(包括层级关系、部门性质等)均放在属性中定义。

查重规则：同一父节点下同级组织机构按“组织机构全称”字段查重。

组织机构编码示例如表3-34所示。

表3-34　组织机构编码示例

一级单位	二级单位	三级单位	部门名称	组织机构编码	上级组织机构编码
中国神华能源股份有限公司				00020000	
			财务部	00020001	00020000
			工程管理部	00020002	00020000
	准能集团			00030000	00020000
			人力资源部	00030001	00030000
		黑岱沟煤矿		00040000	00030000
			采煤队	00040001	00040000
			采煤队班组1	00040002	00040001
			采煤队班组2	00040003	00040001
			穿爆队	00040004	00040000
			穿爆队班组1	00040005	00040004
			穿爆队班组2	00040006	00040004

(3) 公司

数据项定义：公司是指神华集团公司及股份公司、各级子(分)公司、各级子(分)公司下设的各级具有法人资格的单位及分支机构，依此类推，直至最末级的法人资格单位及分支机构。

编码规则：采用4位定长数字流水码。

规则说明：编码方式为AAAA，即采用4位定长数字流水码，编码范围为0001～9999。

公司编码初始化编制按集团公司对各子(分)公司现有排名顺序进行。

公司的所有信息(包括单位性质、管理层级、股权层级、组织机构代码等)均放在公司属性中定义。

公司编码示例如表3-35所示。

表 3-35 公司编码示例

一级单位	二级单位	三级单位	公司编码
中国神华能源股份有限公司			0002
	准能集团		0003
		黑岱沟煤矿	0004
		哈尔乌素煤矿	0005
		大准铁路	0006

3.2.1.10 预算管理

预算管理编码主要包括数据项定义和编码规则。

数据项定义:预算科目主数据是根据神华集团的管控要求梳理形成的核心管控数据。

编码规则:预算科目编码规则采用 10 位定长分段流水码,编码根据科目组的不同,编码范围将有所不同。

预算管理编码示例如表 3-36 所示。

表 3-36 预算管理编码示例

科目组	名称	起始 ID	终止 ID
PLANTYPE1	经营类科目	0000000000	0999999999
PLANTYPE2	投资类科目	1000000000	1999999999
PLANTYPE3	财务类科目	2000000000	2999999999

3.2.1.11 财务管理

(1) 核算科目

数据项定义:核算科目主数据是神华集团范围内,按照经济业务的内容和经济管理的要求,对会计要素的具体内容进行分类核算的科目数据。

编码规则:核算科目编码规则采用 10 位定长分段流水码。核算科目主数据的编码根据科目组的不同,编码范围不同。

核算科目编码示例如表 3-37 所示。

表 3-37 核算科目编码示例

科目组	名称	起始账户	终止账户
CASH	现金银行科目	1001000000	1013999999
GL	一般总账科目	1014000000	6999999999
MAT	物料类科目	1014000000	6999999999
PL	损益类科目	1014000000	6999999999
RECN	统驭类科目	1014000000	6999999999
TZ	表外科目	7000000000	9999999999

（2）金融机构

数据项定义：金融机构主数据是中国人民银行发布的金融机构的标准代码。

编码规则：金融机构编码规则采用非定长规则码，最长15位。其具体取值采用中国人民银行统一标准。

3.2.1.12　物资管理

（1）物资

数据项定义：物资主数据是描述企业所有采购和生产的产品及服务的自然属性等的基本信息。物资编码是物资的唯一标识。物资编码标准化可以确保物资编码的唯一性和在各个运营单元物资管理系统中的一致性，将供应链的上、下游整合，使得物资在各个运营模块保持简单、一致，加快供应链内部的处理速度。以神华集团煤炭产品为例，煤种的分类与名称已经形成了品牌，不仅为外部用户所认同，也是内部电厂、煤化工进行原材料区分的重要标志，需要从分类和编码上进行一致的定义。

编码规则：采用8位定长数字流水码。

规则说明：编码方式为AAAAAAAA，采取8位流水码，编码范围为10000000～99999999。

编码码段分配：物资物料编码采用以1、3、4、5、6、7开头的8位流水码，编码范围10000000～19999999，30000000～79999999；服务类物料采用以9开头的8位流水码，编码范围90000000～99999999；商品煤物料采用以8开头的8位流水码，编码范围80000000～89999999；通用码是对采购前物料属性未知的物料进行事先赋码，通用码采用以2开头的8位流水码，编码范围20000000～29999999。

唯一性：通过物料编码，可以保证一物一码。

稳定性：编码与物料属性不关联，稳定性强。

可扩展性：8位流水码可提供千万级的数据量，流水号范围10000000～99999999，可支持千万级的数据。

物资编码唯一标识一类物资，一经生成终生不变。

物资的所有信息（包括分类、型号、计量单位等）均放在物资主数据属性中定义。

物资编码示例如表3-38所示。

表3-38　物资编码示例

大类	中类	小类	流水码	最终编码
13（铁路专用设备及配件）	01（机车）	03（交直流电力机车）	12345678（按所有物料顺序生成）	12345678

（2）供应商

数据项定义：供应商是指为神华集团各公司［包括神华集团公司及股份公司、各级子（分）公司、各级子（分）公司下设的各级具有法人资格的单位及分支机构，依此类推，直至最末级的法人资格单位及分支机构］提供原料、设备及其他资源、服务的具有独立法人资格的企事业单位。

编码规则：采用8位定长数字流水码。

规则说明：第一位标识账户组，其余七位为顺序流水码。

其中:账户组标识为1,表示神华集团内上市公司;账户组标识为2,表示神华集团内非上市公司;账户组标识为3,表示神华集团外公司。

供应商编码示例如表3-39所示。

表3-39 供应商名称编码示例

供应商名称	编码方案
山东科大机电科技有限公司	10000001
乌鲁木齐市诚创汇达商贸有限公司	10000002

3.2.1.13 销售管理

客户管理是销售管理的重点。

数据项定义:客户是指从神华集团公司及股份公司、各级子(分)公司、各级子(分)公司下设的各级具有法人资格的单位及分支机构购买产品或服务的企事业单位,以及由业务和财务认定的需要单独建立账套的其他实体组织。客户主数据用于描述客户的基本信息;客户主数据不包含虚拟单位和个人。

编码规则:采用8位定长数字编码。

规则说明:第一位标识账户组,其余七位为顺序流水码。

其中:账户组标识为1,表示中国国内上市公司;账户组标识为2,表示中国国内非上市公司;账户组标识为3,表示国外公司。

客户编码示例如表3-40所示。

表3-40 客户编码示例

客户名称	编码方案
北京京能热电股份有限公司	10000024
上海电力燃料有限公司	20003007

3.2.1.14 合同管理

合同管理涉及合同业务编号和合同主数据编码。

数据项定义:合同是指神华集团有限责任公司、中国神华能源股份有限公司及其各级子分公司、各级子分公司下设的各级具有法人资格的单位及分支机构,直至类推到最末级的法人资格单位及分支机构在经营活动中签署的各类合同。合同包括:与外部供应商、客户或其他合作方之间签署的合同;内部各子分公司之间的签定的合同。合同不包括:与员工之间签署的劳动合同和协议。合同主数据描述的是合同的基本信息。

基本名词解释如下:

① 合同业务编号。

在业务单位内部使用,印制在纸质合同上,具有一定含义的唯一标识该份合同的编码。

② 合同主数据编码。

合同主数据编码是主数据平台为每笔合同主数据颁发的唯一编码,各业务系统将通过合同主数据编码判定该合同的唯一性。

③ 签约我方。

它是指签订合同的我方法人组织(单位)。该组织由主数据平台发布的组织机构主数据定义。

编码规则:采用 8 位定长数字流水码。

规则说明:合同主数据编码方式为 AAAAAAAA,采用 8 位定长数字流水码,编码范围为 10000000～99999999,全部采用数字进行编码,无英文字母或其他特殊字符。

查重字段:“签约我方”和“合同业务编号”两个字段联合查重。其业务含义表示在一个独立法人单位内部,合同的业务编号不能有重复。

合同编码唯一标识一个合同,一经生成终生不变。若合同发生变更或是有补充协议,则该合同进行版本管理,合同编码不变。

合同编码示例如表 3-41 所示。

表 3-41　合同编码示例

合同大类名称	合同名称	编码方案
采购合同	准能集团 2016 年第 19 个设备采购合同	10000024
劳动合同	神东煤炭 2016 年张某劳动合同	30003007

3.2.1.15　项目管理

项目编码包括数据项定义、编码规则等。

数据项定义:项目是指神华集团各公司[包括神华集团公司及股份公司、各级子(分)公司、各级子(分)公司下设的各级具有法人资格的单位及分支机构,依此类推,直至最末级的法人资格单位及分支机构]提交的项目。其包括工程项目、科技项目、信息化项目等。

编码规则:采用 8 位定长数字流水码。

规则说明:项目编码方式为 AAAAAAAA,采用 8 位定长流水码,编码范围为 00000000～99999999。

已有项目的编码在编制按申请时间统一赋予流水号。

以后新增项目编码由系统按时间顺序自动顺延。

项目的相关信息(包括项目类别、项目申请单位、项目申请时间等)均放在项目属性中定义。

项目编码示例如表 3-42 所示。

表 3-42　项目编码示例

项目名称	编码方案
准能集团数字矿山工程项目	00000001
准能集团新办公大楼基建项目	00000002

3.2.2　主数据属性标准与分类标准

主数据标准中的属性集应涵盖跨部门、跨业务系统共享属性,而不需要将所有某一系统内部该数据的属性全部纳入主数据标准。例如,煤矿主数据可能有多个属性,而纳入主数据标准的可能仅包含其中9个左右关键的、需要跨系统共享的属性。

主数据分类标准是主数据的字典。在主数据属性中所有为"维度类"的属性,都需要有对应的分类代码表来规范化其分类内容。主数据标准分类设计遵循"相互独立、完全穷尽"的原则,从而确保不遗漏、不重叠。

将重点对准能集团生产主数据进行属性和分类标准设计。神华集团统建主数据属性及分类标准可根据实际业务应用需求选择性引用。

3.2.2.1 煤炭生产

(1) 煤矿

煤矿属性标准如表3-43所示,煤矿分类标准如表3-44和表3-45所示。

表3-43 煤矿属性标准

属性序号	业务规则			技术规则				
	属性数据项名称	负责业务部门	数据项业务定义	数据类别	规则说明	数据类型	数据长度	是否必填项
1	煤矿编码		全局唯一标识码	标识类	3位定长流水编码,首位为标识码	字符型	3	是
2	煤矿名称		煤矿全称	描述类		字符型	100	是
3	煤矿简称		简称、别称	描述类		字符型	100	否
4	管理组织机构		所属二级单位或部门	描述类		字符型	100	是
5	组织机构编码		所属组织机构标识	标识类		字符型	8	是
6	煤矿权属公司		归属公司	描述类		字符型	100	是
7	煤矿开采类型		露天或井工开采方式	维度类		字符型	1	是
8	煤矿状态		当前开采状态	维度类		字符型	2	是
9	设计产能		产能设计	描述类		数值型	20	是
10	神华核定产能		产能核定	描述类		数值型	20	否
11	国家核定产能		产能核定	描述类		数值型	20	是

表3-44 煤矿(DIM001)分类标准

数据项编码	DIM001	数据项名称	煤矿开采类型
编码规则	采用1位数字编码	代码长度	1
代码	名称	业务含义说明	
1	井工		
2	露天		
9	其他		

表 3-45　煤矿(DIM002)分类标准

数据项编码	DIM002	数据项名称	煤矿状态类型
编码规则	采用 2 位数字编码	代码长度	2
代码	名称	业务含义说明	
01	规划		
02	基建		
03	在产		
04	采空		
05	备用		

(2) 区域

区域属性标准如表 3-46 所示。

表 3-46　区域属性标准

属性序号	业务规则			技术规则					备注
	属性数据项名称	负责业务部门	数据项业务定义	数据类别	规则说明	数据类型	数据长度	是否必填项	
1	区域编码		全局唯一标识码	标识类	2 级 3 位定长流水编码,首位为标识码	字符型	3	是	
2	区域名称		矿区区域名称全称	描述类		字符型	100	是	
3	区域状态		当前状态类型	维度类		字符型	2	是	
4	归属煤矿		归属煤矿	描述类		字符型	100	否	
5	煤矿编码		归属煤矿编码	标识类		字符型	3	是	

(3) 台阶

台阶属性标准如表 3-47 所示,台阶分类标准如表 3-48 所示。

表 3-47　台阶属性标准

属性序号	业务规则			技术规则					备注
	属性数据项名称	负责业务部门	数据项业务定义	数据类别	规则说明	数据类型	数据长度	是否必填项	
1	台阶编码		全局唯一标识码	标识类	2 级 3 位定长流水编码,首位数字为标识码	字符型	3	是	
2	台阶名称		以标高(海拔)命名	描述类		字符型	50	是	
3	台阶别称		简称、别称或习惯叫法	描述类		字符型	50	否	

表 3-47(续)

属性序号	业务规则			技术规则					备注
	属性数据项名称	负责业务部门	数据项业务定义	数据类别	规则说明	数据类型	数据长度	是否必填项	
4	台阶类型		生产开展台阶类型划分	维度类		字符型	1	是	关联DIM001分类标准
5	区域名称		台阶归属区域	描述类		字符型	100	是	
6	台阶高度		台阶参数	描述类		数值型	5	是	米
7	台阶宽度		台阶参数	描述类		数值型	5	是	米
8	坡面角		台阶参数	描述类		数值型	5	是	度
9	归属煤矿		台阶归属煤矿	描述类		字符型	100	是	
10	煤矿编码		台阶归属煤矿编码	标识类		字符型	3	是	

表 3-48 台阶分类标准

数据项编码	DIM001	数据项名称	台阶类型
编码规则	采用1位数字编码	代码长度	1
代码	名称	业务含义说明	
1	岩石台阶		
2	煤台阶		
3	排土台阶		
9	其他		

(4) 选煤厂

选煤厂属性标准如表 3-49 所示。

表 3-49 选煤厂属性标准

属性序号	业务规则			技术规则					备注
	属性数据项名称	负责业务部门	数据项业务定义	数据类别	规则说明	数据类型	数据长度	是否必填项	
1	选煤厂编码		全局唯一标识码	标识类	2位定长流水码	字符型	2	是	
2	选煤厂名称		选煤厂全称	描述类		字符型	100	是	
3	选煤厂简称		简称、别称或习惯叫法	描述类		字符型	100	否	
4	管理组织机构		组织机构标识	标识类		字符型	8	否	
5	组织机构编码		选煤厂所属部门或单位	描述类		字符型	100	否	
6	设计生产能力		设计生产能力	描述类		数值型	20	否	万吨/年
7	投产日期		建成投产日期	描述类		日期型	8	否	

（5）破碎站

破碎站属性标准如表 3-50 所示。

表 3-50　破碎站属性标准

属性序号	业务规则			技术规则					备注
	属性数据项名称	负责业务部门	数据项业务定义	数据类别	规则说明	数据类型	数据长度	是否必填项	
1	破碎站编码		全局唯一标识码	标识类	2 级编码，即 2 位选煤厂编码＋2 位流水编码	字符型	4	是	
2	破碎站名称		破碎站名称全称	描述类		字符型	100	是	
3	设计生产能力		设计生产能力	描述类		数值型	10	否	吨/小时
4	所属选煤厂		归属选煤厂	描述类		字符型	100	否	
5	选煤厂编码			标识类		字符型	2	是	

（6）分选系统

分选系统属性标准如表 3-51 所示，分选系统分类标准如表 3-52 所示。

表 3-51　分选系统属性标准

属性序号	业务规则			技术规则					备注
	属性数据项名称	负责业务部门	数据项业务定义	数据类别	规则说明	数据类型	数据长度	是否必填项	
1	分选系统编码		全局唯一标识码	标识类	2 级编码，即 2 位选煤厂编码＋2 位流水编码	字符型	4	是	
2	分选系统名称		分选系统全称	描述类		字符型	100	是	
3	分选系统简称			描述类		字符型	100	否	
4	归属选煤厂		归属选煤厂	描述类		字符型	100	否	
5	选煤厂编码		归属选煤厂编码	标识类	详见选煤厂主数据	字符型	2	是	
6	分选工艺类别		按分选工艺类型划分	维度类		字符型	2	否	关联 DIM001 分类标准
7	年设计生产能力		设计生产能力	描述类		数值型	10	否	万吨/年

表 3-52　分选系统分类标准

数据项编码	DIM001	数据项名称	分选工艺类型
编码规则	采用 2 位数字编码	代码长度	2
代码	名称	业务含义说明	
01	重介		
02	跳汰		
03	干选		
04	浮选		
99	其他		

(7) 煤仓

煤仓属性标准如表 3-53 所示，煤仓分类标准如表 3-54 和表 3-55 所示。

表 3-53　煤仓属性标准

属性序号	业务规则			技术规则					备注
	属性数据项名称	负责业务部门	数据项业务定义	数据类别	规则说明	数据类型	数据长度	是否必填项	
1	煤仓编码		全局唯一标识码	标识类	2 级编码，即 2 位选煤厂编码+2 位流水编码	字符型	4	是	
2	煤仓名称		煤仓名称全称	描述类		字符型	100	是	
3	煤仓结构类型		建筑结构类型	维度类		字符型	1	否	关联 DIM002 分类标准
4	煤仓储煤类型		按储煤种类划分	维度类		字符型	1	是	关联 DIM001 分类标准
5	煤仓容量		设计容量	数值类		数值型	8	是	吨
6	归属选煤厂		组织机构-配属选煤厂	描述类		字符型	100	否	
7	选煤厂编码			标识类		字符型	2	是	

表 3-54　煤仓(DIM001)分类标准

数据项编码	DIM001	数据项名称	煤仓储煤类型
编码规则	采用 1 位数字编码	代码长度	1
代码	名称	业务含义说明	
1	毛煤仓	露天煤矿在地面生产过程中，经破碎后的煤进入毛煤仓	
2	产品仓	露天煤矿在地面生产过程中，经分选后的煤进入产品仓	
3	矸石仓		
9	其他		

表 3-55　煤仓(DIM002)分类标准

数据项编码	DIM002	数据项名称	煤仓结构类型
编码规则	采用 1 位数字编码	代码长度	1
代码	名称	业务含义说明	
1	筒仓		
2	槽仓		
9	其他		

(8) 装车系统

装车系统属性标准如表 3-56 所示。

表 3-56　装车系统属性标准

属性序号	业务规则			技术规则					备注
	属性数据项名称	负责业务部门	数据项业务定义	数据类别	规则说明	数据类型	数据长度	是否必填项	
1	装车系统编码		全局唯一标识码	标识类	2 级编码,即 2 位选煤厂编码+2 位流水编码	字符型	4	是	
2	装车系统名称		装车系统全称	描述类		字符型	100	是	
3	装车系统简称		简称、别称或习惯叫法	描述类		字符型	100	否	
4	铁路装车专线		车站到装车系统专用线	描述类		字符型	50	否	
5	选煤厂名称		归属选煤厂	描述类		字符型	100	是	
6	选煤厂编码			标识类		字符型	2	是	

(9) 钻孔

钻孔属性标准如表 3-57 所示。

表 3-57　钻孔属性标准

属性序号	业务规则			技术规则					备注
	属性数据项名称	负责业务部门	数据项业务定义	数据类别	规则说明	数据类型	数据长度	是否必填项	
1	钻孔编码		全局唯一标识码	标识类	2 级编码,即 3 位煤矿编码+5 位钻孔流水码	字符型	8	是	

表 3-57(续)

属性序号	业务规则			技术规则					备注
	属性数据项名称	负责业务部门	数据项业务定义	数据类别	规则说明	数据类型	数据长度	是否必填项	
2	孔号		炸药名称	描述类		字符型	8	是	
3	纬距		钻孔参数	描述类		数值型	10	是	
4	经距		钻孔参数	描述类		数值型	10	是	
5	高程		钻孔参数	描述类		数值型	10	是	
6	终孔深度		钻孔参数	描述类		数值型	10	否	
7	地质信息		地质地测信息	描述类		文本型		否	米
8	煤矿名称		归属煤矿	描述类		字符型	100	否	
9	煤矿编码			标识类		字符型	3	是	

(10) 生产煤种

生产煤种属性标准如表 3-58 所示,生产煤种分类标准如表 3-59 所示。

表 3-58 生产煤种属性标准

属性序号	业务规则			技术规则					备注
	属性数据项名称	负责业务部门	数据项业务定义	数据类别	规则说明	数据类型	数据长度	是否必填项	
1	生产煤种编码		全局唯一标识码	标识类	3 位定长流水编码	字符型	3	是	
2	生产煤种名称		生产煤种定义名称	描述类		字符型	100	是	
3	生产煤种简称		简称、别称或习惯叫法	描述类		字符型	100	否	
4	生产煤种类型		煤种所属工艺阶段类型	维度类		字符型	2	否	关联 DIM001 分类标准
5	热值区间		定义热值区间	描述类		字符型	20	否	

表 3-59 生产煤种分类标准

数据项编码	DIM001	数据项名称	煤种类型
编码规则	采用 2 位数字编码	代码长度	2
代码	名称	业务含义说明	
01	原料煤种	原煤是指煤矿生产出来的未经分选、未经加工的毛煤	
02	分选煤种	经过分选、分级等加工处理的煤	
03	筛选煤种	筛选煤是原煤经过筛选加工分级,去除部分煤矸石,并根据煤的粒径大小分为大块煤、中块煤、小块煤和粉煤	
04	型煤煤种	型煤是用一种或数种煤粉与一定比例的黏结剂或固硫剂在一定压力下加工形成的,具有一定形状和强度的煤炭产品	
99	其他		

（11）炸药品种

炸药品种属性标准如表3-60所示，炸药品种分类标准如表3-61所示。

表3-60 炸药品种属性标准

属性序号	业务规则			技术规则					备注
	属性数据项名称	负责业务部门	数据项业务定义	数据类别	规则说明	数据类型	数据长度	是否必填项	
1	炸药品种编码		全局唯一标识码	标识类	2位定长流水码	字符型	2	是	
2	炸药品种名称		炸药品种名称全称	描述类		字符型	100	是	
3	炸药品种类型		所属炸药类型	维度类		字符型	1	是	关联DIM001分类标准
4	原材料		原材料组成	描述类		字符型	500	否	

表3-61 炸药品种分类标准

数据项编码	DIM001	数据项名称	炸药品种类型
编码规则	采用1位数字编码	代码长度	1
代码	名称	业务含义说明	
1	重铵油炸药		
2	重乳化炸药		
3	铵油炸药		

3.2.2.2 铁路运输

（1）装车站点

装车站点属性标准如表3-62所示，装车站点分类标准如表3-63所示。

表3-62 装车站点属性标准

属性序号	业务规则			技术规则					备注
	属性数据项名称	负责业务部门	数据项业务定义	数据类别	规则说明	数据类型	数据长度	是否必填项	
1	装车站点编码		全局唯一标识码	标识类	3位定长流水码	字符型	5	是	
2	装车站点名称		装车站点名称全称	描述类		字符型	100	是	
3	年最大装车能力			描述类		数值型	8	否	万吨
4	归属铁路线路			描述类		字符型	100	否	
5	货运类别		货运物品类别	维度类		字符型	1	否	关联DIM001分类标准

表 3-63　装车站点分类标准

数据项编码	DIM001	数据项名称	货运类别
编码规则	采用 1 位数字编码	代码长度	1
代码	名称	业务含义说明	
1	煤炭运输		
2	非煤运输		
3	混合运输	包括煤炭和非煤运输	

(2) 流向站

流向站属性标准如表 3-64 所示,流向站分类标准如表 3-65 和表 3-66 所示。

表 3-64　流向站属性标准

属性序号	业务规则			技术规则					备注
	属性数据项名称	负责业务部门	数据项业务定义	数据类别	规则说明	数据类型	数据长度	是否必填项	
1	流向站编码		全局唯一标识码	标识类	3 位定长流水码	字符型	5	是	
2	流向站名称		商品货物装车流向	描述类		字符型	100	是	
3	区外流向出口		货运流向区外出口站点	描述类		字符型	100	否	
4	货运流向类别		根据流向终点站货物流转性质划分	维度类		字符型	1	否	关联 DIM002 分类标准
5	货运流向区域		货运终到流向区域	维度类		字符型	1	否	关联 DIM001 分类标准

表 3-65　流向站(DIM001)分类标准

数据项编码	DIM001	数据项名称	货运流向区域
编码规则	采用 1 位数字编码	代码长度	1
代码	名称	业务含义说明	
1	区内		
2	区外		

表 3-66　流向站(DIM002)分类标准

数据项编码	DIM002	数据项名称	货运流向类别
编码规则	采用 1 位数字编码	代码长度	1
代码	名称	业务含义说明	
1	区内直达		
2	区外直达		
3	下水		

（3）煤台

煤台属性标准如表 3-67 所示。

表 3-67　煤台属性标准

属性序号	业务规则			技术规则					备注
	属性数据项名称	负责业务部门	数据项业务定义	数据类别	规则说明	数据类型	数据长度	是否必填项	
1	煤台编码		全局唯一标识码	标识类	3 位定长流水码	字符型	3	是	
2	煤台名称			描述类		字符型	100	是	
3	煤台权属公司			描述类		字符型	100	否	

（4）车站

车站属性标准如表 3-68 所示，车站分类标准如表 3-69 和表 3-70 所示。

表 3-68　车站属性标准

属性序号	业务规则			技术规则					备注
	属性数据项名称	负责业务部门	数据项业务定义	数据类别	规则说明	数据类型	数据长度	是否必填项	
1	车站编码		车站唯一标识	标识类	4 位定长流水编码	字符型	4	是	
2	车站名称		车站全称描述	描述类		字符型	100	是	
3	车站技术作业类型		车站作业类型划分	维度类		字符型	1	否	关联 DIM001 分类标准
4	车站业务类型		车站作业性质划分	维度类		字符型	1	否	关联 DIM002 分类标准
5	线路名称		所在线路	描述类		字符型	100	否	
6	线路编码			标识类		字符型	4	否	
7	公司名称		归属公司	描述类		字符型	100	否	

表 3-69　车站(DIM001)分类标准

数据项编码	DIM001	数据项名称	技术作业类型
编码规则	采用 1 位数字编码	代码长度	1
代码	名称	业务含义说明	
1	中间站		
2	区段站		
3	编组站		

表 3-70　车站(DIM002)分类标准

数据项编码	DIM002	数据项名称	车站业务类型
编码规则	采用1位数字编码	代码长度	1
代码	名称	业务含义说明	
1	货运站		
2	客运站		
3	客货运站		
9	其他		

(5) 线路

线路属性标准如表 3-71 所示。

表 3-71　线路属性标准

属性序号	业务规则			技术规则					备注
	属性数据项名称	负责业务部门	数据项业务定义	数据类别	规则说明	数据类型	数据长度	是否必填项	
1	线路编码		神华铁路线路标识	标识类	2级4位定长编码,首位标识线路类型	字符型	4	是	
2	线路名称		线路全称描述	描述类		字符型	100	是	
3	线路类别		铁路线路作用类型划分	维度类		字符型	1	否	
4	线路等级		线路建设等级	描述类		字符型	50	否	
5	线路里程		正线里程	描述类		数值型	10	否	千米
6	公司名称			描述类		字符型	100	否	

3.2.2.3　电力生产

电力生产方面主要是指发电机组。

发电机组属性标准如表 3-72 所示,发电机组分类标准如表 3-73 所示。

表 3-72　发电机组属性标准

属性序号	业务规则			技术规则					备注
	属性数据项名称	负责业务部门	数据项业务定义	数据类别	规则说明	数据类型	数据长度	是否必填项	
1	发电机组编码		全局唯一标识码	标识类	2位定长流水码	数值型	2	是	
2	发电机组名称			描述类		字符型	100	是	
3	电力类型		能源转化类型	维度类		维度型	2	否	关联DIM001分类标准
4	机组归属电厂			描述类		字符型	100	否	

表 3-73　发电机组分类标准

数据项编码	DIM001	数据项名称	电力类型
编码规则	采用 2 位数字编码	代码长度	2
代码	名称	业务含义说明	
21	火电	利用煤、石油、天然气等固体、液体燃料燃烧所产生的热能转换为动能以生产电能	
22	风电	风电是指把风的动能转为电能	
23	水电	水电是指把水能转换为电能	
29	其他		

3.2.2.4　生产辅助

(1) 变电站

变电站属性标准如表 3-74 所示。

表 3-74　变电站属性标准

属性序号	业务规则			技术规则					备注
	属性数据项名称	负责业务部门	数据项业务定义	数据类别	规则说明	数据类型	数据长度	是否必填项	
1	变电站编码		全局唯一标识码	标识类	2 位定长流水码	数值型	2	是	
2	变电站名称		变电站名称全称	描述类		字符型	100	是	
3	电压等级		变电电压等级	描述类		字符型	20	否	
4	供电区域		供电对象区域	描述类		字符型	100	否	
5	变电站地址		位置描述	描述类		字符型	200	否	

(2) 水源地

水源地属性标准如表 3-75 所示，水源地分类标准如表 3-76 所示。

表 3-75　水源地属性标准

属性序号	业务规则			技术规则					备注
	属性数据项名称	负责业务部门	数据项业务定义	数据类别	规则说明	数据类型	数据长度	是否必填项	
1	水源地编码		全局唯一标识码	标识类	2 位定长流水码	数值型	2	是	
2	水源地名称		水源地名称	描述类		字符型	100	是	
3	水源地简称		简称、别称或习惯叫法	描述类		字符型	100	否	
4	水源类型		水源取水类型	维度类		字符型	2	是	关联 DIM001 分类标准
5	供水区域		供水对象区域	描述类		字符型	100	否	

表 3-76　水源地分类标准

数据项编码	DIM001	数据项名称	水源类型
编码规则	采用 1 位数字编码	代码长度	1
代码	名称	业务含义说明	
1	地表水	地表水是指陆地表面上动态水和静态水的总称	
2	地下水	地下水是指埋藏在地表以下各种形式的重力水	

(3) 防冻液

防冻液属性标准如表 3-77 所示。

表 3-77　防冻液属性标准

属性序号	业务规则			技术规则					备注
	属性数据项名称	负责业务部门	数据项业务定义	数据类别	规则说明	数据类型	数据长度	是否必填项	
1	防冻液编码		全局唯一标识码	标识类	2 位定长流水码	字符型	2	是	
2	防冻液名称		防冻液名称	描述类		字符型	100	是	

3.2.2.5　外购煤管理

(1) 煤源

煤源属性标准如表 3-78 所示，煤源分类标准如表 3-79 所示。

表 3-78　煤源属性标准

属性序号	业务规则			技术规则					备注
	属性数据项名称	负责业务部门	数据项业务定义	数据类别	规则说明	数据类型	数据长度	是否必填项	
1	煤源编码		全局唯一标识码	标识类	4 位定长流水编码	字符型	4	是	
2	煤源名称		煤的具体来源，如准能集团黑岱沟煤矿	描述类		字符型	100	是	
3	煤源类别		煤源区域类型划分	维度类		字符型	1	是	关联 DIM001 分类数据项

表 3-79　煤源分类标准

数据项编码	DIM001	数据项名称	煤源类别
编码规则	采用 1 位数字编码	代码长度	1
代码	名称	业务含义说明	
1	自产煤		
2	外购煤		

（2）采购煤种

采购煤种属性标准如表 3-80 所示。

表 3-80　采购煤种属性标准

属性序号	业务规则			技术规则					备注
	属性数据项名称	负责业务部门	数据项业务定义	数据类别	规则说明	数据类型	数据长度	是否必填项	
1	采购煤种编码		全局唯一标识码	标识类	8 位定长流水编码	字符型	8	是	
2	采购煤种名称		采购煤种名称全称	描述类		字符型	100	是	
3	采购煤种简称		名称简称	描述类		字符型	100	否	
4	热值		煤种热值	描述类		字符型	20	否	

（3）商品煤种

商品煤种属性标准如表 3-81 所示，商品煤种分类标准如表 3-82～表 3-85 所示。

表 3-81　商品煤种属性标准

属性序号	业务规则			技术规则					备注
	属性数据项名称	负责业务部门	数据项业务定义	数据类别	规则说明	数据类型	数据长度	是否必填项	
1	商品煤种编码		神华集团全局唯一标识某个商品煤的编码	标识类	8 位定长流水编码	字符型	12	是	引用神华集团数据标准
2	产品编码		电商平台商品煤编码	描述类		字符型	12	是	
3	商品煤种名称		煤焦商品的中文全称	描述类		字符型	40	是	
4	商品煤种简称		煤焦商品的简称	描述类		字符型	40	否	
5	煤种状态标记		煤种使用状态标记	维度类		字符型	1	是	关联 DIM002 分类数据项
6	热值区间			描述类		字符型	40	否	

表 3-81(续)

属性序号	业务规则			技术规则					备注
	属性数据项名称	负责业务部门	数据项业务定义	数据类别	规则说明	数据类型	数据长度	是否必填项	
7	加工方式代码		煤焦商品的加工方式	维度类		字符型	2	是	关联DIM001分类数据项
8	主要用途代码		煤焦商品的主要用途	维度类		字符型	2	是	关联DIM003分类数据项
9	产品来源		产品来源类型	维度类		字符型	2	是	关联DIM004分类数据项
10	生产单位		商品煤生产单位编码	标识类		字符型	4	否	

表 3-82　商品煤种(DIM001)分类标准

数据项编码	DIM001	数据项名称	煤种类型
编码规则	采用2位数字编码	代码长度	2
代码	名称	业务含义说明	
01	原料煤种	原煤是指煤矿生产出来的未经分选、未经加工的毛煤	
02	分选煤种	经过分选、分级等加工处理的煤	
03	筛选煤种	筛选煤是原煤经过筛选加工分级,去除部分煤矸石,并根据煤的粒径大小分为大块煤、中块煤、小块煤和粉煤	
04	型煤煤种	型煤是用一种或数种煤粉与一定比例的黏结剂或固硫剂在一定压力下加工形成的,具有一定形状和强度的煤炭产品	
99	其他		

表 3-83　商品煤种(DIM002)分类标准

数据项编码	DIM002	数据项名称	煤种状态标识
编码规则	采用1位数字编码	代码长度	1
代码	名称	业务含义说明	
1	活动		
2	冻结		

表 3-84　商品煤种(DIM003)分类标准

数据项编码	DIM003	数据项名称	商品煤主要用途
编码规则	采用 2 位数字编码	代码长度	2
代码	名称	业务含义说明	
01	动力煤	以发电、机车推进、锅炉燃烧等为目的，产生动力而使用的煤炭都属于动力用煤	
02	炼焦煤	具有一定的黏结性，在室式焦炉炼焦条件下可以结焦，用于生产一定质量焦炭的原料煤统称为炼焦煤	
99	其他		

表 3-85　商品煤种(DIM004)分类标准

数据项编码	DIM004	数据项名称	煤源类型
编码规则	采用 1 位数字编码	代码长度	1
代码	名称	业务含义说明	
1	自产		
2	外购		
3	自产或外购		
4	国内贸易		
5	进口贸易		
6	转口贸易		

3.2.2.6　安健环管理

(1) 危险源

危险源属性标准如表 3-86 所示，危险源分类标准如表 3-87～表 3-91 所示。

表 3-86　危险源属性标准

属性序号	业务规则			技术规则					备注
	属性数据项名称	负责业务部门	数据项业务定义	数据类别	规则说明	数据类型	数据长度	是否必填项	
1	危险源编码			标识类		数值型	20		
2	任务编码			标识类		数值型	20		
3	任务名称			描述类		字符型	500		
4	任务工序编码			标识类		数值型	20		
5	任务工序名称			描述类		字符型	500		
6	危险源描述			描述类		字符型	500		
7	风险类型			描述类		字符型	2		
8	潜在后果			描述类		字符型	500		
9	事故类型			描述类		字符型	500		
10	可能性			描述类		字符型	2		
11	损失			描述类		字符型	2		

表 3-86(续)

属性序号	业务规则			技术规则					备注
	属性数据项名称	负责业务部门	数据项业务定义	数据类别	规则说明	数据类型	数据长度	是否必填项	
12	危险/危害事件			描述类		字符型	50		
13	风险等级			描述类		字符型	500		
14	管理对象			描述类		字符型	500		
15	管理标准			描述类		字符型	1 000		
16	主要责任人			描述类		字符型	500		
17	直接管理人			描述类		字符型	500		
18	主要监管部门			描述类		字符型	500		
19	主要监管人员			描述类		字符型	500		
20	管理措施			描述类		字符型	1 000		
21	单位部门编码			描述类		数值型	8		
22	单位部门名称			描述类		字符型	20		
23	潜在原因			描述类		字符型	500		
24	危险源失控次数			描述类		数值型	20		
25	停用状态			维度类		数值型	1		关联 DIM001 分类数据项
26	基本信息是否禁止修改			维度类		数值型	1		关联 DIM003 分类数据项
27	基本信息审核状态			维度类		数值型	1		关联 DIM002 分类数据项
28	基本信息审核意见			描述类		字符型	500		
29	基本信息审核人姓名			描述类		字符型	20		
30	基本信息审核时间			描述类		日期型	8		
31	基本信息审核是否禁止修改			维度类		数值型	1		关联 DIM004 分类数据项
32	创建者用户姓名			描述类		字符型	20		
33	创建者用户 ID			标识类		数值型	10		
34	创建时间			描述类		日期型	8		
35	是否禁止删除状态			维度类		数值型	1		关联 DIM005 分类数据项
36	扣分			描述类		数值型	10		
37	序号			描述类		数值型	10		
38	考核标准名称			描述类		字符型	500		
39	考核标准编码			描述类		数值型	20		

表 3-86(续)

属性序号	业务规则			技术规则					备注
	属性数据项名称	负责业务部门	数据项业务定义	数据类别	规则说明	数据类型	数据长度	是否必填项	
40	评估方法			描述类		字符型	50		
41	可能性			描述类		字符型	10		
42	频次			描述类		字符型	10		
43	后果			描述类		字符型	10		
44	危险性			描述类		数值型	4		

表 3-87　危险源(DIM001)分类标准

数据项编码	DIM001	数据项名称	停用状态(危险源)
编码规则	采用 1 位数字编码	代码长度	1
代码	名称	业务含义说明	
0	未停用		
1	停用		

表 3-88　危险源(DIM002)分类标准

数据项编码	DIM002	数据项名称	基本信息审核状态(危险源)
编码规则	采用 1 位数字编码	代码长度	1
代码	名称	业务含义说明	
1	审核通过		
2	审核不通过		
3	未经过审核		

表 3-89　危险源(DIM003)分类标准

数据项编码	DIM003	数据项名称	基本信息是否禁止修改(危险源)
编码规则	采用 1 位数字编码	代码长度	1
代码	名称	业务含义说明	
0	可以修改		
1	禁止修改		

表 3-90　危险源(DIM004)分类标准

数据项编码	DIM004	数据项名称	基本信息审核是否禁止修改(危险源)
编码规则	采用 1 位数字编码	代码长度	1
代码	名称	业务含义说明	
0	可以修改		
1	禁止修改		

表 3-91 危险源(DIM005)分类标准

数据项编码	DIM005	数据项名称	是否禁止删除状态(危险源)
编码规则	采用 1 位数字编码	代码长度	1
代码	名称	业务含义说明	
0	可以删除		
1	禁止删除		

(2) 应急预案

应急预案属性标准如表 3-92 所示,应急预案分类标准如表 3-93 和表 3-94 所示。

表 3-92 应急预案属性标准

属性序号	业务规则			技术规则					备注
	属性数据项名称	负责业务部门	数据项业务定义	数据类别	规则说明	数据类型	数据长度	是否必填项	
1	预案编码		全局唯一标识码	标识类	4 位定长流水码	字符型	4	是	
2	预案名称		预案名称全称	描述类		字符型	100	是	
3	预案类别		根据企业预案类别划分	维度类		字符型	1	否	关联 DIM001 分类数据项
4	预案层级		根据预案体系构成划分	维度类		字符型	1	否	关联 DIM002 分类数据项
5	编制单位		编制单位或部门全称	描述类		字符型	100	是	
6	监管单位		监管单位或部门全称	描述类		字符型	100	否	

表 3-93 应急预案(DIM001)分类标准

数据项编码	DIM001	数据项名称	预案类别
编码规则	采用 1 位数字编码	代码长度	1
代码	名称	业务含义说明	
1	自然灾害类		
2	生产安全类		
3	公共卫生类		
4	社会安全类		

表 3-94　应急预案(DIM002)分类标准

数据项编码	DIM002	数据项名称	预案层级
编码规则	采用 1 位数字编码	代码长度	1
代码	名称	业务含义说明	
1	综合应急预案		
2	专项应急预案		
3	现场处置预案		
9	其他		

(3) 环保监测点

环保监测点属性标准如表 3-95 所示，环保监测点分类标准如表 3-96 所示。

表 3-95　环保监测点属性标准

属性序号	业务规则			技术规则					备注
	属性数据项名称	负责业务部门	数据项业务定义	数据类别	规则说明	数据类型	数据长度	是否必填项	
1	环保监测点编码		全局唯一标识码	标识类	3 位定长流水编码	字符型	3	是	
2	环保监测点名称		监测点位名称	描述类		字符型	100	是	
3	环保监测指标		监测具体内容项目	描述类		字符型	100	是	
4	环保监测对象类型		根据环境分类划分	维度类		字符型	1	是	关联 DIM001 分类数据项
5	管理单位		监测点归口管理单位	描述类		字符型	100	是	
6	外部监管单位		外部归口监管单位	描述类		字符型	100	是	

表 3-96　环保监测点分类标准

数据项编码	DIM001	数据项名称	环保监测类型
编码规则	采用 1 位数字编码	代码长度	1
代码	名称	业务含义说明	
1	大气环境监测		
2	水质环境监测		
3	噪声环境监测		
4	其他类型监测		

3.2.2.7 科技与工艺

(1) 专利

专利属性标准如表 3-97 所示，专利分类标准如表 3-98 所示。

表 3-97 专利属性标准

属性序号	业务规则			技术规则					备注
	属性数据项名称	负责业务部门	数据项业务定义	数据类别	规则说明	数据类型	数据长度	是否必填项	
1	专利编码		神华集团全局唯一标识某个项目的编码	标识类	8 位定长无意义流水码	字符型	8	是	
2	专利名称		专利的中文全称	描述类		字符型	100	是	
3	提交单位		专利申请公司中文名称	描述类		字符型	100	否	
4	专利类型代码		专利的类型代码	维度类		字符型	1	否	关联 DIM001 分类数据项
5	申请号		专利申请号，申请成功后加 ZL 即成为专利号	标识类		字符型	14	否	

表 3-98 专利分类标准

数据项编码	DIM001	数据项名称	专利类型
编码规则	采用 1 位数字编码	代码长度	1
代码	名称	业务含义说明	
1	发明专利		
2	实用新型专利		
3	外观设计专利		

(2) 技术标准

技术标准属性标准如表 3-99 所示，技术标准分类标准如表 3-100 所示。

表 3-99 技术标准属性标准

属性序号	业务规则			技术规则					备注
	属性数据项名称	负责业务部门	数据项业务定义	数据类别	规则说明	数据类型	数据长度	是否必填项	
1	技术标准编码		全局唯一标识码	标识类	8 位定长流水码，首位为标识码	字符型	8	是	
2	技术标准名称		技术标准的中文全称	描述类		字符型	100	是	

表 3-99(续)

属性序号	业务规则			技术规则					备注
	属性数据项名称	负责业务部门	数据项业务定义	数据类别	规则说明	数据类型	数据长度	是否必填项	
3	提交单位		技术标准公司中文名称	描述类		字符型	100	是	
4	业务板块代码		技术标准的板块代码	维度类		字符型	1	是	关联 DIM001 分类数据项

表 3-100　技术标准分类标准

数据项编码	DIM001	数据项名称	业务板块代码
编码规则	采用2位数字编码	代码长度	2
代码	名称	业务含义说明	
01	煤炭		
02	电力		
03	铁路		
04	港口		
05	航运		
06	煤制油煤化工		
99	其他		

(3) 技术秘密

技术秘密属性标准如表 3-101 所示。

表 3-101　技术秘密属性标准

属性序号	业务规则			技术规则					备注
	属性数据项名称	负责业务部门	数据项业务定义	数据类别	规则说明	数据类型	数据长度	是否必填项	
1	技术秘密编码		全局唯一标识码	标识类	8位定长无意义流水码	字符型	8	是	
2	技术秘密名称		技术秘密的中文全称，未以专利形式保护的集团公司专有技术	描述类		字符型	100	是	
3	提交单位		技术秘密公司中文名称	描述类		字符型	100	是	

3.2.2.8 班组管理

班组管理的重点是岗位标准作业流程管理。

岗位标准作业流程属性标准如表 3-102 所示，岗位标准作业流程分类标准如表 3-103～表 3-105 所示。

表 3-102 岗位标准作业流程属性标准

属性序号	业务规则			技术规则					备注
	属性数据项名称	负责业务部门	数据项业务定义	数据类别	规则说明	数据类型	数据长度	是否必填项	
1	流程 ID			标识类	引用现有编码标准	字符型	20	是	引用岗位作业标准流程系统
2	流程编码 4 级编码			标识类	引用现有编码标准	字符型	32	否	
3	编码序号			描述类		数值型	10	否	
4	流程名称			描述类		字符型	300	是	
5	流程描述			描述类		字符型	300	否	
6	编制部门			描述类		字符型	8	否	
7	编制部门名称			描述类		字符型	300	否	
8	编制单位			描述类		字符型	8	否	
9	编制单位名称			描述类		字符型	300	否	
10	作业类型			描述类		字符型	32	否	
11	专业类型			描述类		字符型	32	否	
12	创建流程类型			维度类		字符型	32	否	关联 DIM001 分类数据项
13	分类编码			描述类		字符型	32	否	
14	上报时间			描述类		日期型		是	
15	提出人			描述类		字符型	128	否	
16	上报人			描述类		字符型	128	否	
17	更新时间			描述类		日期型		否	
18	更新人			描述类		字符型	128	否	
19	发布人			描述类		字符型	128	否	
20	发布时间			描述类		日期型		否	
21	流程状态			维度类		字符型	1	是	关联 DIM002 分类数据项
22	是否转为通用			维度类		字符型	1	否	关联 DIM003 分类数据项
23	ARIS 图片宽			描述类		数值型	10	是	
24	ARIS 图片高			描述类		数值型	10	是	
25	流程图片			描述类		BLOB		否	

表 3-103　岗位标准作业流程(DIM001)分类标准

数据项编码	DIM001	数据项名称	流程创建类型
编码规则	采用 1 位数字编码	代码长度	1
代码	名称	业务含义说明	
1	增加		
2	修改		

表 3-104　岗位标准作业流程(DIM002)分类标准

数据项编码	DIM002	数据项名称	流程状态类型
编码规则	采用 1 位数字编码	代码长度	1
代码	名称	业务含义说明	
0	无效		
1	有效		

表 3-105　岗位标准作业流程(DIM003)分类标准

数据项编码	DIM003	数据项名称	是否转为通用
编码规则	采用 1 位数字编码	代码长度	1
代码	名称	业务含义说明	
1	转通用		
2	未转通用		

3.2.2.9　人力资源管理

(1) 员工

员工属性标准如表 3-106 所示，员工分类标准如表 3-107～表 3-110 所示。

表 3-106　员工属性标准

属性序号	业务规则			技术规则					备注
	属性数据项名称	负责业务部门	数据项业务定义	数据类别	规则说明	数据类型	数据长度	是否必填项	
1	员工主数据编码		员工在神华集团唯一编码，采用 ERP、HR 系统中的员工编号	标识类	采用 8 位定长流水码	字符型	8	是	
2	姓		身份证姓名的姓	描述类		字符型	40	是	
3	名		身份证姓名的名	描述类		字符型	40	是	
4	性别		员工的性别	维度类		字符型	1	是	关联 DIM001 分类数据项
5	办公电话		员工的办公室电话	描述类		字符型	100	否	

表 3-106(续)

属性序号	业务规则			技术规则					备注
	属性数据项名称	负责业务部门	数据项业务定义	数据类别	规则说明	数据类型	数据长度	是否必填项	
6	手机		员工的手机	描述类		字符型	100	否	
7	邮箱		员工的邮箱	描述类		字符型	200	否	
8	进入神华系统时间		员工进入神华系统时间	描述类		日期型	8	否	
9	国籍		员工的国籍	维度类		字符型	3	是	
10	证件号码		员工的证件号码。对于中国籍员工,填写身份证号码,对于外籍及中国港澳台地区员工,填写外籍及中国港澳台地区人员证件号码	标识类		字符型	30	是	
11	职位编号		员工的职位编号	标识类		字符型	8	是	
12	职位名称		员工的职位名称	描述类		字符型	40	是	
13	单位编号		员工直接所属的组织机构-单位编号	标识类		字符型	8	是	
14	单位名称		员工直接所属的组织机构-单位名称	描述类		字符型	40	是	
15	部门编号		对应组织机构-部门的编号	标识类		字符型	8	是	
16	部门名称		对应组织机构-部门的名称	描述类		字符型	40	是	
17	是否兼职		根据员工占岗位的百分比标识员工是否兼职	维度类		字符型	1	是	关联 DIM004 分类数据项
18	员工组		员工的用工形式	维度类		字符型	1	是	关联 DIM002 分类数据项
19	员工状态		员工的状态	维度类		字符型	1	是	关联 DIM003 分类数据项
20	员工排序		统一组织机构节点下员工排序	描述类		字符型	5	否	

表 3-107　员工(DIM001)分类标准

数据项编码	DIM001	数据项名称	性别
编码规则	代码采用 1 位数字编码	代码长度	1
代码	名称	业务含义说明	
1	男		
2	女		

表 3-108　员工(DIM002)分类标准

数据项编码	DIM002	数据项名称	员工组
编码规则	代码采用 1 位数字编码	代码长度	1
代码	名称	业务含义说明	
1	长期合同工		
2	短期合同工		
3	返聘人员		
4	人事关系在外单位人员		
5	外籍及人员		
6	劳务工		
9	离退休人员		

表 3-109　员工(DIM003)分类标准

数据项编码	DIM003	数据项名称	员工状态
编码规则	代码采用 1 位数字编码	代码长度	1
代码	名称	业务含义说明	
1	在岗		
2	不在岗		
3	离退休		
4	离职		
5	死亡		
6	离退休移交		

表 3-110　员工(DIM004)分类标准

数据项编码	DIM004	数据项名称	是否兼职
编码规则	代码采用 1 位数字编码	代码长度	1
代码	名称	业务含义说明	
0	专职	专职的职位占有率为 100%	
1	兼职	兼职的职位占有率为 0%	
2	借调		

(2) 组织机构

组织机构属性标准如表 3-111 所示，组织机构分类标准如表 3-112～表 3-129 所示。

表 3-111 组织机构属性标准

属性序号	业务规则			技术规则					备注
	属性数据项名称	负责业务部门	数据项业务定义	数据类别	规则说明	数据类型	数据长度	是否必填项	
1	组织机构编码		主数据管理系统8位组织机构唯一标识	标识类	采用8位定长流水码	字符型	8	是	
2	人力资源组织机构编码		人力资源系统生成的组织机构编码，8位定长流水码	标识类	采用8位定长流水码	字符型	8	是	
3	组织机构类别		组织机构类别包括单位、部门、班组	维度类		字符型	2	是	关联 DIM001 分类数据项
4	组织机构全称		最多40个汉字	描述类		字符型	40	是	
5	上级人事管理人力资源组织机构编码		对应于人力资源组织机构编码的8位定长流水码	标识类		字符型	8	是	
6	上级人事管理组织机构全称		对应于组织机构全称	描述类		字符型	40	是	
7	上级人事管理组织机构编码		对应于组织机构编码	标识类		字符型	8	是	
8	业务板块代码		二级单位的板块归属	维度类		字符型	2	否	关联 DIM002 分类数据项
9	联系电话		该组织机构的办公电话	描述类		字符型	40	否	
10	电子邮箱		组织机构电子邮箱	描述类		字符型	40	否	
11	主营业务类别		主要指三级单位及以下，煤炭生产计划单位的生产属性，电力生产计划单位的生产属性	维度类		字符型	2	否	关联 DIM005 分类数据项
12	经营地址		该组织机构总部办公地点详细地址，国家/地区、省份、通信地址	描述类		字符型	60	否	

表 3-111(续)

属性序号	业务规则			技术规则					备注
	属性数据项名称	负责业务部门	数据项业务定义	数据类别	规则说明	数据类型	数据长度	是否必填项	
13	邮编		该组织机构总部办公地点的邮政编码	描述类		字符型	10	否	
14	传真号		该组织机构的传真	描述类		字符型	40	否	
15	是否虚拟机构		该组织机构是否为虚拟机构	维度类		字符型	1	是	关联 DIM006 分类数据项
16	组织机构简称		最多 12 个汉字,使用本单位的通用简洁称谓	描述类		字符型	12	是	
17	是否人资冻结		标识该记录在人资是否被撤销	维度类		字符型	1	是	关联 DIM007 分类数据项
18	组织排序		同一组织母节点下子节点组织排序	描述类		字符型	5	否	
19	组织机构注册名称			描述类		字符型	40	是	
20	国家/地区		工商注册登记国家	维度类		字符型	3	是	关联 DIM003 分类数据项
21	省份/市		工商注册登记省份/市	维度类		字符型	3	是	关联 DIM004 分类数据项
22	通信地址(街道门牌号)		工商注册登记城市	描述类		字符型	100	是	
23	上级产权管理机构主数据编码		对应于组织机构编码	标识类		字符型	8	是	
24	产权层级		标记该组织机构所在的产权层级	描述类		字符型	2	是	
25	上级企业管理机构主数据编码		对应于组织机构编码	标识类		字符型	8	是	
26	管理层级		标记该组织机构所在的企业管理层级	描述类		字符型	2	是	
27	公司的组织形式		包括有限公司、股份公司、分公司、(按企业法注册的)公司、事业单位、办事处	维度类		字符型	2	是	关联 DIM009 分类数据项

表 3-111(续)

属性序号	业务规则			技术规则					备注
	属性数据项名称	负责业务部门	数据项业务定义	数据类别	规则说明	数据类型	数据长度	是否必填项	
28	公司的股权状态		全资、绝对控股、实际控制(第一大股东,且其他股东不构成一致行动人)、相对控股(第一大股东)、参股(非第一大股东)、共同全资(指公司的股东不止一家,但全部是集团下属全资公司)、共同控股(指公司的股东不止一家,但集团下属各公司的股权之和超过 50%)、共同参股	维度类		字符型	2	是	关联 DIM010 分类数据项
29	控制关系		有实际控制力、无控制力	维度类		字符型	1	是	关联 DIM011 分类数据项
30	组织机构代码		国家技术监督部门颁发的组织机构代码证中的代码。 国家给全国各机关、团体、企事业单位等组织机构的一个唯一的、始终不变的法定代码。非独立法人的公司,组织机构代码与母公司相同的个体化、外国企业等需要使用身份证号和邓白氏等其他编码作为补充	描述类		字符型	20	否	
31	营业执照编号		即营业执照的编号 2007 年 7 月 1 日启用 15 位注册号,2007 年 7 月 1 日前登记注册的仍由 13 位数字排列组成,两类注册号在今后的较长时间内还将共存。 内资企业:2 位省份+2 位城市+2 为区划+序号; 外资企业:标准注册号为 7 个汉字+6 位数字+号,例如:企独苏宁总字第 001123 号	描述类		字符型	22	否	

表 3-111(续)

属性序号	业务规则			技术规则					备注
	属性数据项名称	负责业务部门	数据项业务定义	数据类别	规则说明	数据类型	数据长度	是否必填项	
32	董事会(是否设立董事会)		是(董事会)、否(执行董事)	维度类		字符型	1	是	关联 DIM012 分类数据项
33	集团派出董事是否出任董事会主席		是/否/轮替	维度类		字符型	1	是	关联 DIM013 分类数据项
34	监事会(是否设立监事会)		是(监事会)、否(董事)	维度类		字符型	1	是	关联 DIM014 分类数据项
35	集团派出监事是否出任监事会主席		是/否/轮替	维度类		字符型	1	是	关联 DIM015 分类数据项
36	是否有职工董事		是/否	维度类		字符型	1	是	关联 DIM016 分类数据项
37	公司的注册资本金(万元)			描述类		字符型	20	是	
38	公司法人代表			描述类		字符型	35	否	
39	主营业务范围		营业执照上注明的主营业务范围	描述类		字符型	255	否	
40	注册单位标识		标识该单位是否是工商注册单位	维度类		字符型	1	是	关联 DIM008 分类数据项
41	是否全冻结		标识该记录在集团否有效(被冻结)	维度类		字符型	1	是	关联 DIM017 分类数据项
42	是否上市公司		标记该组织机构是否是上市公司	维度类		字符型	1	是	关联 DIM018 分类数据项

表 3-112　组织机构(DIM001)分类标准

数据项编码		DIM001		数据项名称	组织结构类别
编码规则		采用 2 位字符组合编码		代码长度	2
层次一		层次二			业务含义说明
代码	名称	代码	名称		
1	单位	11	集团公司		
		12	股份公司		
		13	集团/股份公司机关		虚拟机构
		14	子分公司		
		15	子分公司机关		虚拟机构
		16	三级单位		
		17	三级单位机关		虚拟机构
		18	四级单位		
		19	五级单位		
		1A	六级单位		
2	部门				
		21	集团/股份公司部门		
		22	集团/股份公司部门下设机构		
		23	子分公司部门		
		24	子分公司部门下设机构		
		25	三级单位部门		
		26	三级单位部门级下设机构		
		27	三级单位部门下设机构		
		28	四级及以下单位部门		
		29	四级及以下单位下设区队/车间		
3	班组	31	班组		
		32	小组		

表 3-113　组织机构(DIM002)分类标准

数据项编码	DIM002	数据项名称	业务板块代码
编码规则	采用 2 位数字编码	代码长度	2
代码	名称	业务含义说明	
01	煤炭		
02	电力		
03	铁路		
04	港口		
05	航运		
06	煤制油煤化工		
99	其他		

表 3-114　组织机构(DIM003)分类标准

数据项编码	DIM003	数据项名称	国家代码
编码规则	GB/T 2659—2000	代码长度	3
代码	名称	业务含义说明	
004	阿富汗		
008	阿尔巴尼亚		
012	阿尔及利亚		
016	美属萨摩亚		
020	安道尔		
024	安哥拉		
660	安圭拉		
010	南极洲		
028	安提瓜和巴布达		
032	阿根廷		
051	亚美尼亚		
533	阿鲁巴		
036	澳大利亚		
040	奥地利		
031	阿塞拜疆		
044	巴哈马		
048	巴林		
050	孟加拉国		
052	巴巴多斯		
112	白俄罗斯		
056	比利时		
084	伯利兹		
204	贝宁		
060	百慕大		
064	不丹		
068	玻利维亚		
070	波黑		
072	博茨瓦纳		
074	布维岛		
076	巴西		
086	英属印度洋领地		
212	多米尼克		
214	多米尼加		
626	东帝汶		

表 3-114(续)

数据项编码	DIM003	数据项名称	国家代码
编码规则	GB/T 2659—2000	代码长度	3
代码	名称	业务含义说明	
218	厄瓜多尔		
818	埃及		
222	萨尔瓦多		
226	赤道几内亚		
232	厄立特里亚		
233	爱沙尼亚		
231	埃塞俄比亚		
238	福克兰(马尔维纳斯)群岛		
234	法罗群岛		
242	斐济		
246	芬兰		
250	法国		
254	法属圭亚那		
258	法属波利尼西亚		
260	法属南部领地		
266	加蓬		
270	冈比亚		
268	格鲁吉亚		
276	德国		
288	加纳		
292	直布罗陀		
300	希腊		
304	格陵兰		
308	格林纳达		
312	瓜德罗普		
316	关岛		
320	危地马拉		
324	几内亚		
624	几内亚比绍		
328	圭亚那		
332	海地		
334	赫德岛和麦克唐纳岛		
340	洪都拉斯		
474	马提尼克		

表 3-114(续)

数据项编码	DIM003	数据项名称	国家代码
编码规则	GB/T 2659—2000	代码长度	3
代码	名称	业务含义说明	
478	毛里塔尼亚		
480	毛里求斯		
175	马约特		
484	墨西哥		
583	密克罗尼西亚联邦		
498	摩尔多瓦		
492	摩纳哥		
496	蒙古		
500	蒙特塞拉特		
504	摩洛哥		
508	莫桑比亚		
104	缅甸		
516	纳米比亚		
520	瑙鲁		
524	尼泊尔		
528	荷兰		
530	荷属安的列斯		
540	新喀里多尼亚		
554	新西兰		
558	尼加拉瓜		
562	尼日尔		
566	尼日利亚		
570	纽埃		
574	诺福克岛		
580	北马里亚纳		
578	挪威		
512	阿曼		
586	巴基斯坦		
585	帕劳		
275	巴勒斯坦		
591	巴拿马		
598	巴布亚新几内亚		
600	巴拉圭		
604	秘鲁		

表 3-114(续)

数据项编码	DIM003	数据项名称	国家代码
编码规则	GB/T 2659—2000	代码长度	3
代码	名称	业务含义说明	
608	菲律宾		
760	叙利亚		
762	塔吉克斯坦		
834	坦桑尼亚		
764	泰国		
768	多哥		
772	托克劳		
776	汤加		
780	特立尼达和多巴哥		
788	突尼斯		
792	土耳其		
795	土库曼斯坦		
796	特克斯和凯科斯群岛		
798	图瓦卢		
800	乌干达		
804	乌克兰		
784	阿联酋		
826	英国		
840	美国		
581	美国本土外小岛屿		
858	乌拉圭		
860	乌兹别克斯坦		
548	瓦努阿图		
336	梵蒂冈		
862	委内瑞拉		
704	越南		
092	英属维尔京群岛		
850	美属维尔京群岛		
876	瓦利斯和富图纳		
732	西撒哈拉		
887	也门		
891	塞尔维亚		
894	赞比亚		
716	津巴布韦		

表 3-114(续)

数据项编码	DIM003	数据项名称	国家代码
编码规则	GB/T 2659—2000	代码长度	3
代码	名称	业务含义说明	
096	文莱		
100	保加利亚		
854	布基纳法索		
108	布隆迪		
116	柬埔寨		
120	喀麦隆		
124	加拿大		
132	佛得角		
136	开曼群岛		
140	中非		
148	乍得		
152	智利		
156	中国大陆地区		
344	中国香港地区		
446	中国澳门地区		
158	中国台湾地区		
162	圣诞岛		
166	科科斯(基林)群岛		
170	哥伦比亚		
174	科摩罗		
178	刚果(布)		
180	刚果(金)		
184	库克群岛		
188	哥斯达黎加		
384	科特迪瓦		
191	克罗地亚		
192	古巴		
196	塞浦路斯		
203	捷克		
208	丹麦		
262	吉布提		
348	匈牙利		
352	冰岛		
356	印度		

表 3-114(续)

数据项编码	DIM003	数据项名称	国家代码
编码规则	GB/T 2659—2000	代码长度	3
代码	名称	业务含义说明	
360	印度尼西亚		
364	伊朗		
368	伊拉克		
372	爱尔兰		
376	以色列		
380	意大利		
388	牙买加		
392	日本		
400	约旦		
398	哈萨克斯坦		
404	肯尼亚		
296	基里巴斯		
408	朝鲜		
410	韩国		
414	科威特		
417	吉尔吉斯斯坦		
418	老挝		
428	拉脱维亚		
422	黎巴嫩		
426	莱索托		
430	利比里亚		
434	利比亚		
438	列支敦士登		
440	立陶宛		
442	卢森堡		
807	前南马其顿		
450	马达加斯加		
454	马拉维		
458	马来西亚		
462	马尔代夫		
466	马里		
470	马耳他		
584	马绍尔群岛		
612	皮特凯恩		

表 3-114(续)

数据项编码	DIM003	数据项名称	国家代码
编码规则	GB/T 2659—2000	代码长度	3
代码	名称	业务含义说明	
616	波兰		
620	葡萄牙		
630	波多黎各		
634	卡塔尔		
638	留尼汪		
642	罗马尼亚		
643	俄罗斯联邦		
646	卢旺达		
654	圣赫勒拿		
659	圣基茨和尼维斯		
662	圣卢西亚		
666	圣皮埃尔和密克隆		
670	圣文森特和格林纳丁斯		
882	萨摩亚		
674	圣马力诺		
678	圣多美和普林西比		
682	沙特阿拉伯		
686	塞内加尔		
690	塞舌尔		
694	塞拉利昂		
702	新加坡		
703	斯洛伐克		
705	斯洛文尼亚		
090	所罗门群岛		
706	索马里		
710	南非		
239	南乔治亚岛和南桑德韦奇岛		
724	西班牙		
144	斯里兰卡		
736	苏丹		
740	苏里南		
744	斯瓦尔巴岛和扬马延岛		
748	斯威士兰		
752	瑞典		
756	瑞士		

表 3-115 组织机构(DIM004)分类标准

数据项编码	DIM004	数据项名称	省/直辖市代码
编码规则	GB 2260—2007	代码长度	6
代码	名称	业务含义说明	
110000	北京市		
120000	天津市		
130000	河北省		
140000	山西省		
150000	内蒙古自治区		
210000	辽宁省		
220000	吉林省		
230000	黑龙江省		
310000	上海市		
320000	江苏省		
330000	浙江省		
340000	安徽省		
350000	福建省		
360000	江西省		
370000	山东省		
410000	河南省		
420000	湖北省		
430000	湖南省		
440000	广东省		
450000	广西壮族自治区		
460000	海南省		
500000	重庆市		
510000	四川省		
520000	贵州省		
530000	云南省		
540000	西藏自治区		
610000	陕西省		
620000	甘肃省		
630000	青海省		
640000	宁夏回族自治区		
650000	新疆维吾尔自治区		
710000	台湾省		
810000	香港特别行政区		
820000	澳门特别行政区		

表 3-116　组织机构(DIM005)分类标准

数据项编码	DIM005		数据项名称	主营业务类别
编码规则	采用 2 位字符组合编码		代码长度	2
层次一		层次二		业务含义说明
单位所属板块代码	单位所属板块名称	主营业务代码	主营业务名称	
01	煤炭	11	井工	
		12	露天	
		13	分选	
		19	煤炭其他	
02	电力	21	火电	
		22	风电	
		23	水电	
		29	电力其他	
03	铁路	31	运输	
		32	设备维护	
04	港口	41	港口	
05	航运	51	海运	
		52	江运	
06	煤制油化工	61	煤制油	
		62	煤化工	
		69	煤制油化工其他	
09	其他	99	其他	

表 3-117　组织机构(DIM006)分类标准

数据项编码	DIM006	数据项名称	是否虚拟机构
编码规则	采用 1 位数字编码	代码长度	1
代码	名称	业务含义说明	
X	是		
	否		

表 3-118　组织机构(DIM007)分类标准

数据项编码	DIM007	数据项名称	人资是否冻结
编码规则	采用1位数字编码	代码长度	1
代码	名称	业务含义说明	
0	否		
1	是		

表 3-119　组织机构(DIM008)分类标准

数据项编码	DIM008	数据项名称	注册单位标识
编码规则	采用1位数字编码	代码长度	1
代码	名称	业务含义说明	
1	是	注册单位	
2	否	非注册单位	

表 3-120　组织机构(DIM009)分类标准

数据项编码	DIM009	数据项名称	公司组织形式
编码规则	采用2位数字编码	代码长度	2
代码	名称	业务含义说明	
01	有限公司		
02	股份公司		
03	分公司		
04	(按企业法注册的)公司	指按企业法注册的公司	
05	事业单位		
06	办事处		

表 3-121　组织机构(DIM010)分类标准

数据项编码	DIM010	数据项名称	公司股权状态
编码规则	采用2位数字编码	代码长度	2
代码	名称	业务含义说明	
01	全资		
02	绝对控股		
03	实际控制	第一大股东，且其他股东不构成一致行动人	
04	相对控股	第一大股东	
05	参股	非第一大股东	
06	共同全资	指公司的股东不止一家，但全部是集团下属全资公司	
07	共同控股	指公司的股东不止一家，但集团下属各公司的股权之和超过50%	
08	共同参股		

表 3-122　组织机构(DIM011)分类标准

数据项编码	DIM011	数据项名称	控制关系
编码规则	采用 1 位数字编码	代码长度	1
代码	名称	业务含义说明	
1	具有实际控制力		
2	无控制力		

表 3-123　组织机构(DIM012)分类标准

数据项编码	DIM012	数据项名称	董事会(是否设立董事会)
编码规则	采用 1 位数字编码	代码长度	1
代码	名称	业务含义说明	
1	是(董事会)		
2	否(执行董事)		

表 3-124　组织机构(DIM013)分类标准

数据项编码	DIM013	数据项名称	集团派出董事是否出任董事会主席
编码规则	采用 1 位数字编码	代码长度	1
代码	名称	业务含义说明	
1	是		
2	否		
3	轮替		

表 3-125　组织机构(DIM014)分类标准

数据项编码	DIM014	数据项名称	监事会(是否设立监事会)
编码规则	采用 1 位数字编码	代码长度	1
代码	名称	业务含义说明	
1	是(监事会)		
2	否(董事)		

表 3-126　组织机构(DIM015)分类标准

数据项编码	DIM015	数据项名称	集团派出监事是否出任监事会主席
编码规则	采用 1 位数字编码	代码长度	1
代码	名称	业务含义说明	
1	是		
2	否		
3	轮替		

表 3-127　组织机构(DIM016)分类标准

数据项编码	DIM016	数据项名称	是否有职工董事
编码规则	采用 1 位数字编码	代码长度	1
代码	名称	业务含义说明	
1	是	注册单位	
2	否	非注册单位	

表 3-128　组织机构(DIM017)分类标准

数据项编码	DIM017	数据项名称	是否全冻结
编码规则	采用 1 位数字编码	代码长度	1
代码	名称	业务含义说明	
1	是		
2	否		

表 3-129　组织机构(DIM018)分类标准

数据项编码	DIM018	数据项名称	是否上市公司
编码规则	采用 1 位数字编码	代码长度	1
代码	名称	业务含义说明	
1	是		
2	否		

3.2.2.10　预算管理

预算科目主要涉及科目属性标准。

预算科目属性标准如表 3-130 所示。

表 3-130　预算科目属性标准

属性序号	业务规则			技术规则					备注
	属性数据项名称	负责业务部门	数据项业务定义	数据类别	规则说明	数据类型	数据长度	是否必填项	
1	科目 ID			标识类	采用 10 位定长分段流水码	数值型	10	是	
2	科目名称			描述类		字符型	200	是	
3	备注			描述类		字符型	200	否	

3.2.2.11　财务管理

(1) 核算科目

核算科目属性标准如表 3-131 所示，核算科目分类标准如表 3-132～表 3-134 所示。

表 3-131　核算科目属性标准

属性序号	业务规则			技术规则					备注
	属性数据项名称	负责业务部门	数据项业务定义	数据类别	规则说明	数据类型	数据长度	是否必填项	
1	总账科目编码		SAP 系统中核算科目主数据全局唯一标识	标识类	10 位定长半流水码	字符型	10	是	
2	科目表		神华集团会计科目所属科目表标识	维度类	4 位非定长规则码	字符型	4	是	关联 DIM001 分类数据项
3	科目组		神华集团会计科目所属科目组别	维度类	4 位非定长规则码	字符型	4	是	关联 DIM002 分类数据项
4	损益科目类型		标识科目主数据的分类	标识类		布尔型	1	否	
5	功能范围		基于功能方面的企业结构标准的辅助区分标识	维度类		字符型	4	否	关联 DIM003 分类数据项
6	资产负债科目类型		标识科目主数据的分类	标识类		布尔型	1	否	
7	总账科目名称		会计科目主数据的短文本描述	描述类		字符型	20	是	
8	总账科目详细注释		会计科目主数据的详细描述	描述类		字符型	50	否	
9	贸易伙伴		确定科目表用于合并报表中的内部单位	描述类		字符型	6	否	
10	组科目号		对报表合并事项中进行行项目归集到集团报表的科目编号	标识类		字符型	10	是	
11	冻结标识		对科目是否继续使用进行冻结处理	描述类		布尔型	1	否	

表 3-132　核算科目(DIM001)分类标准

数据项编码	DIM001	数据项名称	科目表
编码规则	代码采用 4 位字符编码	代码长度	4
代码	名称	业务含义说明	
SH00	神华集团会计科目表		

表 3-133　核算科目(DIM002)分类标准

数据项编码	DIM002	数据项名称	科目组
编码规则	代码采用 4 位字符编码	代码长度	4
代码	名称	业务含义说明	
CASH	现金银行科目		
GL	一般总账科目		
MAT	物料类科目		
PL	损益类科目		
RECN	统驭类科目		
TZ	表外科目		

表 3-134　核算科目(DIM003)分类标准

数据项编码	DIM003	数据项名称	功能范围
编码规则	代码采用 4 位字符编码	代码长度	4
代码	名称	业务含义说明	
1604	在建工程		
5001	基本生产成本		
5002	辅助生产成本		
5003	分选加工成本		
5004	开发成本(房地产)		
5005	开发-间接费用(房地产)		
5101	制造费用		
5201	劳务成本		
5301	研发支出-费用化支出(其他服务业)		
5302	研发支出-资本化支出(其他服务业)		
5401	工程施工-合同成本(建筑业)		
5402	工程施工-间接费用(建筑业)		
6401	主营业务成本		
6402	其他业务成本		
6601	销售费用		
6602	管理费用		
6711	营业外支出		

(2) 金融机构

金融机构属性标准如表 3-135 所示，金融机构分类标准如表 3-136 所示。

表 3-135　金融机构属性标准

属性序号	业务规则			技术规则					备注
	属性数据项名称	负责业务部门	数据项业务定义	数据类别	规则说明	数据类型	数据长度	是否必填项	
1	银行国家		银行所属国家代码	维度类	采用 2 位编码	字符型	2	是	分类标准
2	银行代码		指定在存储相应国家中银行数据的银行代码	标识类	采用非定长码，最大 15 位	字符型	15	是	
3	银行名称		开户行名称	描述类		字符型	60	是	
4	删除标志		该条记录是否被删除	维度类		字符型	2	否	关联 DIM001 分类数据项

表 3-136　金融机构分类标准

数据项编码	DIM001	数据项名称	国家代码
数据项编码	DIM001	数据项名称	删除标志
编码规则	代码采用 2 位字符编码	代码长度	2
代码	名称	业务含义说明	
00	正常	该记录有效	
03	删除	该记录已删除，无效	

3.2.2.12　物资管理

（1）物资

属性标准：物资基本属性参照物资基本管理视图制定。其具体物资分类和属性标准参见神华集团物资分类和属性标准。

分类标准：神华集团物资分类体系层级为三级；层级次序是大类、中类、小类。物资分类总体原则如下所述。

① 不重不漏：物资分类应不重不漏，以保证“一物一码”，对界定模糊的，在分类说明中加以界定。

② 符合习惯：物资分类应符合神华集团总部与各级单位的使用习惯 。

③ 满足需求：物资分类应支持集团与二级单位的业务需求，如满足统计分析（如采购支出分析）等需求。

④ 层级适中：分类层级基于三级分类体系，每个级别中的数量不能过多（大于 99）。

⑤ 突出重点：物资分类应从神华实际出发，突出集团与各级单位物资管理的关注点。

⑥ 体现专业特点：物资分类体现神华物资的特点。

⑦ 细度合理：小类细度应能支持属性模板的定义。

（2）物资归类标准

规则一：专用设备归类规则（按优先级排序）。

① 属于关键生产设备，并且仅在本板块使用的某类设备归入板块专用，如煤矿专用的采煤机（某类设备指小类）。

② 经过专家讨论确认后，属于专门制造的关键生产设备可例外处理（同型号的除外），如港口和电厂都有翻车机，但对港口来说，翻车机属于关键设备，因为其他单位没有的“双翻”机型，故将其纳入港口专用板块。本规则适用于明细级的物资。

③ 在多个板块中都使用的设备不归入板块，如果在归入专用设备时存在分类歧义的，优先归入通用 。

规则二：专用设备与配件的分解（按优先级排序）。

① 物资分类体系服务于物资编码，用于采购订单、管理库存、成本核算等，由于在采购时设备的部件并没有编码的需求，因此设备的分层不应分解到部件组成。

② 根据配件管理的细度需求，设备配件可以进行层级的细化。

规则三：定制设备不一定归入专业设备，包括具有特殊认证的设备。

① 对定制设备，如果工作原理、设备结构相同、且不能明确界定设备区别的（如能力、尺寸等），都按照通用处理。

② 对具有特殊认证的设备（如煤安证、船检证等），按照通用处理，在物资区分通过属性定义进行区分。

规则四：设备配件划分。

设备与配件的区分：设备是指可供企业在生产中长期使用，并在反复使用中基本保持原有实物形态和功能的劳动资料和物质资料的总称。配件是指组成设备的零件或部件，在损坏后可重新安装上的零件或部件。对于按照此概念不能区分的，需要借助专家力量判断。

规则五：设备配件与通用物资的划分。

① 无明确归类的设备零部件归为设备配件。

② 有明确归类的通用类物资（如紧固件、密封件、管、阀、轴承等）条目应归到相对应的小类中，不应归到主机备件对应的类别中。例如，三角带、传送带、轮胎等归橡胶制品；温度计、压力表、开关、转速表、电磁阀、保险丝、熔断器、变压器、变送器、电热丝等电器、仪表类配件也归到相应的小类中。

③ 有明确归类，但属于非标准件的，归相应的设备配件，在提报时必须提供图号、部件号和主机型号。

规则六：设备配件名称。

设备配件的划分应放在中类，并与设备进行对应，所在的大类名称应该是“＊＊＊＊设备及配件”。

规则七：“其他”类的增加

① 在分类层级上尽量覆盖全面，对新出现的无法归类的数据，优先考虑增加新的小类，非必需时避免归入“其他”类。

② 对确实无法归类，而又不能通过增加新小类的，经讨论决定后，可以增加 “其他”类，待数据积累到一定量时，对“其他”类下的数据再行进行梳理。

3.2.2.13　供应商

供应商属性标准如表 3-137 所示。

表3-137　供应商属性标准

属性序号	业务规则			技术规则					备注
	属性数据项名称	负责业务部门	数据项业务定义	数据类别	规则说明	数据类型	数据长度	是否必填项	
1	供应商主数据编码		集团审核后分配的唯一标志码，与账户组有关	标识类	采用8位定长数字编码	字符型	8	是	系统自动赋码
2	供应商流水码		集团审核后分配的唯一标志码，与账户组无关	标识类	采用8位定长流水码	字符型	8	是	系统自动赋码
3	供应商名称1		供应商本地注册名称的前35位	描述类		字符型	35	是	
4	供应商名称2		供应商本地注册名称35位以后的部分	描述类		字符型	35	否	
5	供应商名称3		供应商的另外一个名称的前35位	描述类		字符型	35	否	
6	供应商名称4		供应商的另外一个名称35位后的部分	描述类		字符型	35	否	
7	语言		供应商使用的语言	维度类		字符型	2	是	关联DIM004分类数据项
8	国家		供应商的注册国家	维度类		字符型	3	是	关联DIM002分类数据项
9	地区(省)		供应商的注册地区(省)	维度类		字符型	3	是	关联DIM003分类数据项
10	城市		供应商的注册城市	描述类		字符型	35	是	
11	注册地址		供应商的注册地址	描述类		字符型	60	是	
12	门牌号		供应商的注册地址60位字符以后的部分，或单独的门牌号	描述类		字符型	10	否	
13	组织机构代码		国家技术监督部门颁发的组织机构代码证中的代码。 无组织机构代码的组织，采用其母公司的组织机构代码。 外国企业需要使用其注册证上的国别代码＋注册码。 均需去掉连接符	描述类		字符型	18	是	

表 3-137(续)

属性序号	业务规则			技术规则					备注
	属性数据项名称	负责业务部门	数据项业务定义	数据类别	规则说明	数据类型	数据长度	是否必填项	
14	工商登记号		国内直接采用工商登记号码;国外采用国家代码后跟当地注册码。去掉各种连接符	描述类		字符型	18	是	
15	注册资金		供应商注册资金,默认币种为人民币,单位为万元	描述类		字符型	11	否	
16	邓白氏码		供应商的邓白氏码	描述类		字符型	15	否	
17	银行国家		供应商开户银行的国家	维度类		字符型	3	否	关联金融机构主数据
18	银行账号		供应商开户银行的银行账号	描述类		字符型	38	否	
19	银行名称		供应商开户银行的银行名称	维度类		字符型	60	否	关联金融机构主数据
20	银行代码		供应商开户银行的银行代码	维度类		字符型	15	否	关联金融机构主数据
21	账户组		财务上的一种分类,用于报表合并	维度类		字符型	4	是	关联 DIM001 分类数据项
22	贸易伙伴		集团财务部为内部单位分配的代码,与账户组合用,用于合并报表	描述类		字符型	6	否	
23	冻结状态		描述供应商是否被冻结	维度类		字符型	1	否	关联 DIM005 分类数据项
24	供应商类型		根据主数据管理流程确定的供应商类别,只在主数据管理中使用	维度类		字符型	2	是	关联 DIM006 分类数据项

3.2.2.14 销售管理

客户管理是销售管理的重点之一。

客户属性标准如表 3-138 所示。

表 3-138　客户属性标准

属性序号	业务规则			技术规则					备注
	属性数据项名称	负责业务部门	数据项业务定义	数据类别	规则说明	数据类型	数据长度	是否必填项	
1	客户编码		全局唯一标识码	标识类	8 位定长赋义码，即为 ERP 客户编码	字符型	8	是	
2	客户流水码		客户关系管理系统的客户编码	标识类		字符型	8	是	
3	客户名称 1（本地语言）		客户工商注册登记证上的名称，以本地语言进行维护，若名称 1 字段长度不够，则顺延到名称 2	描述类		字符型	35	是	
4	客户名称 2（本地语言）			描述类		字符型	35	否	
5	客户名称 3（其他语言）		以其他语言进行维护，若名称 3 字段长度不够，则顺延到名称 4	描述类		字符型	35	否	
6	客户名称 4（其他语言）			描述类		字符型	35	否	
7	语言			维度类		字符型	2	是	关联 DIM003 分类数据项
8	国家代码		工商注册登记证上的国家	维度类		字符型	2	是	关联 DIM001 分类数据项
9	地区(省)代码		工商注册登记证上的地区(省)	维度类		字符型	3	是	关联 DIM002 分类数据项
10	城市		客户的注册城市	描述类		字符型	35	是	
11	注册地址		客户的注册地址	描述类		字符型	35	是	
12	组织机构代码		国家技术监督部门颁发的组织机构代码证中的代码	描述类		字符型	20	是	
13	工商注册登记号		国内直接采用工商登记号码；国外采用国家代码后跟当地注册码。去掉各种连接符	描述类		字符型	22	是	

表 3-138(续)

属性序号	业务规则			技术规则					备注
	属性数据项名称	负责业务部门	数据项业务定义	数据类别	规则说明	数据类型	数据长度	是否必填项	
14	注册资金		工商注册登记上的资金	描述类		字符型	12	否	
15	银行国家代码		开户银行所在的国家,同金融机构主数据中银行国家代码	维度类		字符型	3	否	关联金融机构主数据
16	银行账号		客户开户银行账号,为增值税发票上的银行账号	描述类		字符型	38	否	
17	银行名称		客户开户银行名称,同金融机构主数据中银行名称	维度类		字符型	50	否	关联金融机构主数据
18	银行代码		同金融机构主数据中银行代码	维度类		字符型	15	否	关联金融机构主数据
19	账户组代码		指根据客户分类对应的会计科目	维度类		字符	4	是	关联 DIM007 分类数据项
20	贸易伙伴		贸易伙伴指神华集团内部的客户,根据账户组的分类定	描述类		字符型	6	否	
21	客户状态			维度类		字符型	2	否	关联 DIM008 分类数据项
22	客户类型		客户分类	维度类		字符型	2	是	关联 DIM004 分类数据项
23	对应的供应商编号		既是客户也是供应商时,为供应商编号	标识类		字符型	8	否	
24	旧客户主数据编码		客户名称变更时,新增的客户编码和已冻结的客户编码的关联关系。为已冻结的客户编码	标识类		字符型	8	否	
25	付款类型			维度类		字符型	2	否	关联 DIM005 分类数据项
26	资本类型			维度类		字符型	2	否	关联 DIM006 分类数据项

3.2.2.15　合同管理

合同管理涉及合同属性标准和合同分类标准。

合同属性标准如表 3-139 所示，合同分类标准如表 3-140～表 3-142 所示。

表 3-139　合同属性标准

属性序号	业务规则			技术规则					备注
	属性数据项名称	负责业务部门	数据项业务定义	数据类别	规则说明	数据类型	数据长度	是否必填项	
1	合同主数据编码		在神华集团内的唯一编码，由系统统一生成	标识类	采用 8 位定长流水码	字符型	8	是	
2	合同业务编号		每个单位的合同编号	描述类		字符型	60	是	
3	合同名称		合同标题	描述类		字符型	100	是	
4	合同期限		有固定期限，无固定期限	维度类		字符型	1	是	关联 DIM001 分类数据项
5	签约我方		签订合同的我方单位，为组织机构主数据编码	标识类	8 位流水码，详见组织机构编码	字符型	8	是	
6	签约我方名称		签订合同我方单位名称	描述类		字符型	80	是	
7	签约对方		签订合同对方单位主数据编码	标识类		字符型	50	是	
8	签约对方名称		签订合同对方单位名称	描述类		字符型	250	是	
9	签约对方类型		签订合同的对方单位来源类型	维度类		字符型	15	是	关联 DIM002 分类数据项
10	开始日期		合同履行开始时间	描述类		日期型	8	是	
11	结束日期		合同履行结束时间，无固定期限合同不填	描述类		日期型	8	否	
12	合同状态		合同履行的状态信息	维度类		字符型	2	是	关联 DIM003 分类数据项

表 3-140　合同(DIM001)分类标准

数据项编码	DIM001	数据项名称	合同期限
编码规则	采用1位字符编码	代码长度	1
代码	名称	业务含义说明	
0	有固定期限	有明确履行期限的合同	
1	无固定期限	长期合同,有开始履行时间,但可以随时终止	

表 3-141　合同(DIM002)分类标准

数据项编码	DIM002	数据项名称	签约对方类型
编码规则	采用2位字符编码	代码长度	2
代码	名称	业务含义说明	
0	供应商		
1	客户		
99	其他合作方		

表 3-142　合同(DIM003)分类标准

数据项编码	DIM003	数据项名称	合同状态
编码规则	采用2位字符编码	代码长度	2
代码	名称	业务含义说明	
1	活动中	合同生效并实际履行中	
2	正常结束	合同生效并且实际业务履行完毕	
3	非正常结束	合同生效后,但由于某些原因,无法继续履行,合同解除	

3.2.2.16　项目管理

项目管理涉及项目属性标准和项目分类标准。

项目属性标准如表 3-143 所示,项目分类标准如表 3-144～表 3-147 所示。

表 3-143　项目属性标准

属性序号	业务规则			技术规则					备注
	属性数据项名称	负责业务部门	数据项业务定义	数据类别	规则说明	数据类型	数据长度	是否必填项	
1	项目编码		全局唯一标识项目编码	标识类	采用8位定长流水码	字符型	8	否	
2	公司编码		项目申报单位的编码(二级单位)	标识类	8位流水码,详见组织机构编码	字符型	8	否	
3	项目名称		项目的中文全称	描述类		字符型	60	否	

表 3-143(续)

属性序号	业务规则			技术规则					备注
	属性数据项名称	负责业务部门	数据项业务定义	数据类别	规则说明	数据类型	数据长度	是否必填项	
4	项目分类代码		项目所属的分类代码	维度类		字符型	2	否	关联 DIM001 分类数据项
5	业务板块代码		项目所属的业务板块	维度类		字符型	2	否	关联 DIM002 分类数据项
6	在国民经济中的用途代码		项目在国民经济中的用途	维度类		字符型	2	否	关联 DIM003 分类数据项
7	资金类别		项目的资金类别	维度类		字符型	2	否	关联 DIM004 分类数据项
8	上级项目编码		直接上级项目编码	标识类	采用 8 位定长流水码	字符型	8	是	子项目必填

表 3-144　项目(DIM001)分类标准

数据项编码	DIM001	数据项名称	项目分类
编码规则	采用 2 位字符编码	代码长度	2
代码	名称	业务含义说明	
01	基本建设	是实现固定资产再生产的一种经济活动，它包括固定资产的建造和安装、固定资产的购置以及与此相联系的其他工作	
02	科技创新	即科技创新项目，集团科技创新项目实施分类项目管理，主要包括三类项目： (1) 国家项目； (2) 集团项目； (3) 子(分)公司项目(包括直属研发机构项目)	
03	安全措施	在投资项目管理系统(第一期)中安全项目主要涉及国补资金安全项目	
04	设备采购	针对大型设备采购独立设置的一类项目。现阶段采购大型设备主要包含：船舶、机车、钢轨等类	
05	信息化	集团的信息化建设项目	
06	援助扶贫	集团履行社会责任项目内容包括：援藏工程、援青工程、社会公益等	
07	节能环保	指专门用于促进节约能源和循环经济发展，支持国家确定的主要污染物减排工作，提高企业节能减排技术水平和发展能力的新建、改扩建、技改工程	

表 3-144(续)

数据项编码	DIM001	数据项名称	项目分类
编码规则	采用2位字符编码	代码长度	2
代码	名称	业务含义说明	
08	资源获取	资源获取项目包括探矿权、采矿权的取得,其中包括境内和境外、一级市场和二级市场	
09	资源勘查	集团已取得探矿权的资源普查、详查和勘探等	
10	并购		
11	技术改造	技术改造具体包括以下内容:机器设备和工具的更新改造;矿井、洗煤厂或电厂生产工艺改革、节约能源和原材料的改造;厂房建筑和公共设施的改造;劳动条件和生产环境的改造等	
99	其他	以上类别之外的项目	

表 3-145 项目(DIM002)分类标准

数据项编码	DIM002	数据项名称	业务板块代码
编码规则	采用2位数字编码	代码长度	2
代码	名称	业务含义说明	
01	煤炭		
02	电力		
03	铁路		
04	港口		
05	航运		
06	煤制油煤化工		
99	其他		

表 3-146 项目(DIM003)分类标准

数据项编码	DIM003	数据项名称	在国民经济中的用途
编码规则	采用2位字符编码	代码长度	2
代码	名称	业务含义说明	
01	生产性项目	直接用于物质资料生产或直接为物质资料生产服务的工程项目	
02	非生产性项目	用于满足人民物质和文化、福利需要的建设和非物质资料生产部门的建设项目	

表 3-147　项目(DIM004)分类标准

数据项编码	DIM004	数据项名称	资金类别
编码规则	采用 2 位字符编码	代码长度	2
代码	名称	业务含义说明	
01	投资类	资本性支出	
02	成本类	计入公司运营成本	

3.2.3　主数据管理模式与流程

(1) 主数据管理模式

主数据管理的技术模式通常有四种，包括汇总模式、注册模式、共存模式、集中模式。主数据管理技术模式如图 3-4 所示。

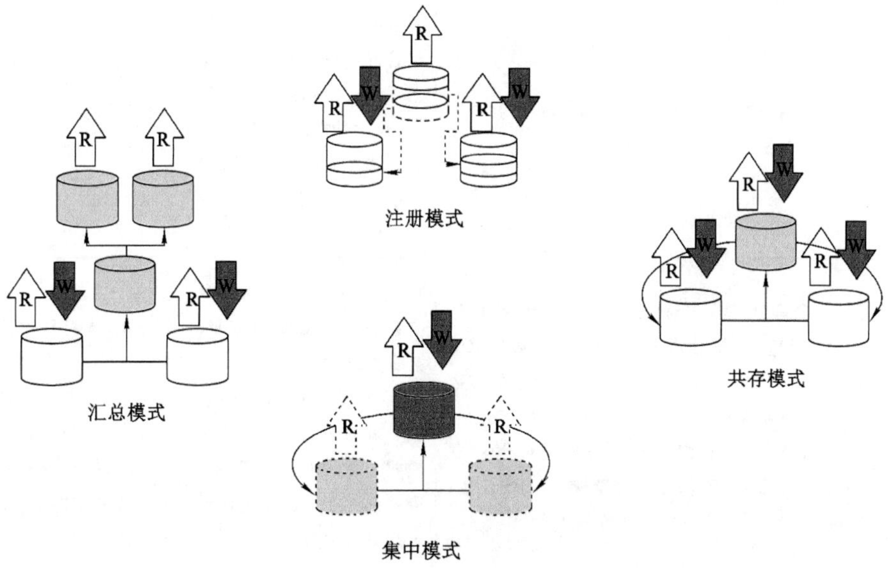

图 3-4　主数据管理技术模式

① 汇总模式：汇总主数据到一个统一的资料库，供报告和参考引用。

② 注册模式：不用对现有系统进行重新编码，只需要维护主数据编码与现有系统编码的对应关系，对现有系统影响最小。

③ 共存模式：主数据的生成可以在主数据管理系统，也可以在应用系统，在应用系统中生成的主数据通过上传的同步方式传递给主数据管理系统，再由主数据管理系统下发。

④ 集中模式：主数据的生成、变更均在主数据管理系统维护，通过推拉方式与其他系统同步。

主数据技术管理模式特点如表 3-148 所示。

表 3-148 主数据技术管理模式特点

对比项目	汇总模式	注册模式	共存模式	集中模式
主数据来源或创建方式	应用系统	应用系统	应用系统	主数据管理系统
用例类型	分析型应用	操作型应用	协作型、操作型、分析型	协作型、操作型、分析型
数据应用方向	报表、分析集中引用	集中实时引用	跨数据库的统一和集中的引用	1. 为操作类、分析类应用系统提供核心数据标准规范； 2. 面向系统数据集成应用，并支持报表、分析引用
是否独立的主数据	独立主数据	无独立主数据	独立主数据	独立主数据
数据流向	单向(源系统→主数据)	单向(主要存储统一编码)	双向	双向
数据更新	不向操作类系统进行数据更新	只对编码映射关系进行更新	主数据的生成可以在主数据管理系统，也可以在应用系统，在应用系统中生成的主数据通过上传的同步方式传递给主数据管理系统，再由主数据管理系统下发	主数据的生成、变更均在主数据管理系统维护，通过推拉方式与其他系统同步通过推拉方式进行更新
模式特点	1. 全部或大部分数据以应用系统为准，无法实现集中管理，仅提供业务视图； 2. 有利于为下游分析类系统准备基础数据	1. 引用并通过服务共享的方式对分散于各应用系统中的主数据进行维护； 2. 需要时可以建立完整视图，实施快速、简单	1. 汇总型的高级模式，现有系统主数据保持不变，且有更新功能； 2. 对于现有系统多且数据分散的情况建议以共存模式为主进行双向同步。应用系统和主数据管理系统都可对主数据进行操作	1. 基于总架构的主数据管理方式，支持新建或现有的交易系统及分析类系统； 2. 对于某些严格要求实时性、一致性或强管控的核心主数据，采用此模式可实现更高效的实时同步、更新与维护管理

对于准能集团主数据管理内容而言，主要包括神华统建类主数据、自建类主数据以及部分来源于现有系统的事实性主数据。

① 神华集团统建类主数据(包括岗位标准作业流程)通过定期单向推送方式更新至准能主数据管理系统；

② 现有应用系统中分散的事实性主数据(如危险源)通过一次性加载到准能主数据管理系统，后续更新维护在主数据管理系统中进行操作；

③ 自建类主数据一次性导入主数据管理系统，数据维护工作统一在系统中进行。

因此，为保证主数据质量的可控性和管理的有效性，建议准能集团主数据管理采取集中模式，对所有主数据进行统一管理和维护，为准能集团所有应用系统提供基础的核心数据保障，为未来新建系统应用提供基本核心数据规范。

(2) 主数据管理流程

《神华集团公司数据资源管理办法》和《神华集团公司主数据管理细则(试行)》中对数据资源和主数据管理的角色、职责、模式和内容都进行了详细的描述。对于准能集团,主数据管理主要是针对自建类主数据的新增、删除、更改应用维护和管理。

准能集团主数据管理流程正是基于神华集团数据管理相关规定、数据管控实际要求和集中管理模式进行设计,同时,采取分级管控的方式对主数据管理角色、过程和活动内容进行了明确定义,为规范主数据应用和维护管理以及主数据治理提供了基础保障。

基于集中模式的主数据管理流程如图 3-5 所示。

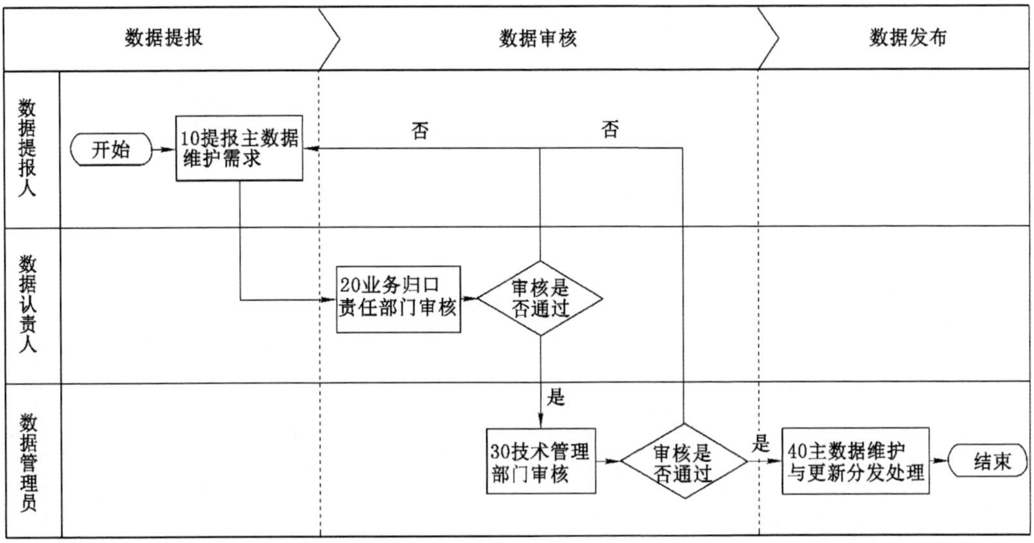

图 3-5　基于集中模式的主数据管理流程

① 角色与职责。

A. 数据提报人。

业务部门数据使用者或管理者,负责本部门或业务板块的主数据需求收集、参与主数据更新和维护、主数据标准制定等工作。

B. 数据认责人。

负责日常主数据管理与维护工作,贯彻执行主数据制度和规则,检查主数据标准的遵从性,保证主数据一致性、完整性和准确性;根据主数据标准和质量要求,对本业务板块或部门提交的主数据管理活动申请进行审核;参与主数据标准制定和提供主数据业务解释等工作。

C. 数据管理员。

负责准能集团主数据管理平台的配置管理工作,对业务部门审核通过提交的主数据管理活动进行相关发布和维护应用;根据主数据业务需求,负责制定和更新主数据技术标准。

② 流程过程说明。

A. 数据提报。

主数据提报人根据本部门或板块业务需求,按照主数据标准和质量要求,在主数据管理系统或填写纸质主数据管理业务申请表,并提交至主数据认责人。

B. 数据审核。

主数据认责人对数据提报内容进行审核，确保主数据业务及属性定义的准确性，并满足主数据标准和质量要求。例如，识别并发现主数据提报问题，及时返回数据提报者；又如审核通过则提交数据管理员进行维护和发布工作。

C. 数据发布。

依据主数据标准和相关规定，数据管理员对数据提报内容在数据格式、类型编码规则等技术定义方面进行审核。审核通过后进行主数据的发布和更新应用；审核过程中如果发现问题，则及时返回数据提报者，以便修订完成后再次提报。

第 4 章　指标分析数据标准体系构建

4.1　指标分析数据体系框架

建立指标分析体系是为了更加规范、准确、科学地分析企业的运营状态。准能集团以总体业务架构为基础，以降本增效为导向，通过企业运营核心业务能力定位关键指标，构建适用于准能集团的指标分析体系框架，为准能集团生产数据库和商务智能应用建设提供数据基础，有效提升准能集团数据价值创造能力和科学决策水平。准能集团指标分析体系框架如图 4-1 所示。

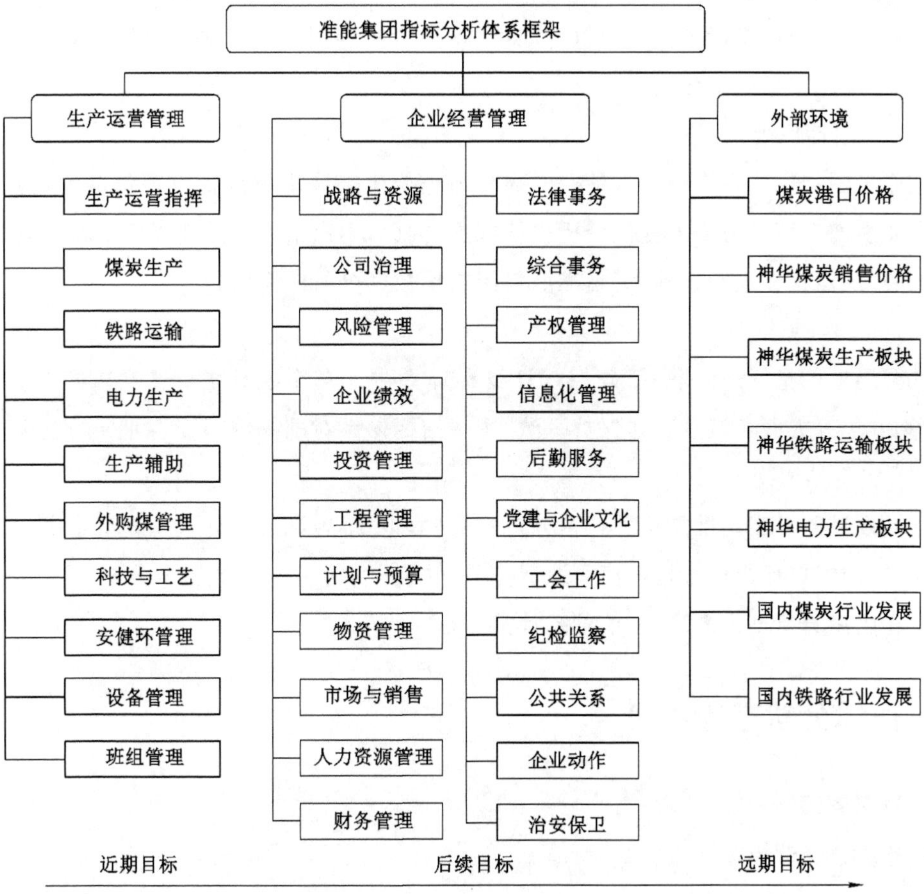

图 4-1　准能集团指标分析体系框架

4.2 指标分析数据设计目标与范围

指标设计以企业战略和业务框架为基础，形成准能集团统一的统计分析指标体系，对指标名称、业务含义、统计口径、计算公式、指标寻源以及指标维度等属性统一定义，为准能集团业务运营和数字矿山建设提供完整、一致、规范的指标定义和指标说明。

指标分析体系的建立是一个长期且不断积累、完善的过程，本阶段工作将以满足准能集团数字矿山工程项目及相关系统建设需要为目标，梳理准能生产运营管理所涉及的业务应用类指标，完成指标标准设计和维度定义。

4.3 指标体系设计基本原则

（1）科学性原则

以实际生产量化需求为目标，以现有指标为基础，采取科学的方法制定合理、规范和完整的指标体系，保证指标数据来源符合规范，指标含义、数据、文字等信息客观真实，使其可以严谨、合理反映生产量化实际。

（2）导向性原则

准能集团指标体系设计的目标一方面是为企业生产降本增效提供评价依据，另一方面也为企业生产运营能力提升提供分析决策依据，因此，本次指标设计应以降本增效和公司战略为核心，确定核心关键指标，满足准能集团指标数据分析的需要。

（3）完整性原则

从全局考虑指标间的联系，确保统计指标体系内的各个统计指标在数据定义、统计维度、计算方法等方面相互联系并保持一致，实现指标体系对准能集团核心业务的全面支撑。

（4）实用性原则

指标设计既要满足准能集团经营分析的需要，也要满足业务部门、二级单位生产运营管理的需要，同时保证指标数据数值可取、计算方法科学，为企业生产综合分析、预测分析、趋势分析和决策分析提供准确、可信的统计数据。

4.4 指标分析数据标准

4.4.1 财务管理

财务综合经营指标如表 4-1 所示。

表 4-1　准能集团财务综合经营指标

序号	分类	一级指标	二级指标	指标构成	计量单位	归口 责任部门
1	业务量	自产商品煤量		=Σ(自产商品煤结算量)	吨	财务部门
		运量		=Σ(运量)	吨	财务部门
		周转量		=Σ(运量×运距)	吨·千米	财务部门
		售电量		=Σ(售电量)	亿度	财务部门
2	收入	营业收入	自产煤销售收入	=Σ(自产商品煤结算量×结算价)	元	财务部门
			外煤销售收入	=Σ(外购煤结算量×结算价)		财务部门
			铁路销售收入	=Σ(运量×运距×运价)		财务部门
			售电收入	=Σ(售电量×售电价)		财务部门
			其他业务收入			
3	价格	自产商品煤价		=Σ(自产商品煤销售收入)/Σ(自产商品煤结算量)	元/吨	财务部门
		外购煤商品煤价		=Σ(外购煤销售收入)/Σ(外购煤结算量)	元/吨	财务部门
		运价		=Σ(铁路收入)/Σ(周转量)	元/(吨·千米)	财务部门
		售电价		=Σ(售电收入)/ Σ(售电量)	元/千度	财务部门
4	成本	营业总成本		=营业成本+库存结转差+营业税金及附加+期间费用+资产减值损失		
				营业成本：材料、电力、折旧(不含井巷折旧)、维简费、井巷折旧(煤炭)、安全费、矿务工程费(煤炭)、无形资产摊销、长期待摊销无形资产费用摊销、分选加工费(煤炭)、燃煤费、燃油费、水费、购电费(电力)、排污费、委托运行费、其他支出		财务部门
				营业成本：人工成本：工资、工资附加费		财务部门
				库存结转差、资产减值损失		财务部门
				营业税金及附加：消费税、资源税、城市维护建设税、教育费附加、地方教育费附加、土地增值税、关税、水利建设基金、房产税、土地税用税、其他		财务部门 财务部门
				期间费用：销售费用		财务部门

表 4-1(续)

序号	分类	一级指标	二级指标	指标构成			计量单位	归口 责任部门
4	成本	营业总成本	期间费用	管理费用		工资、工资附加费、行政车辆费、业务招待费、差旅费、办公费、会议费、出国人员经费、宣传费、材料费、低值易耗品、折旧费、无形资产摊销、长期待摊销费用摊销、绿化费、电费、水费、科研费支出、取暖费、通勤费、咨询费及审计费、技术开发费、财产保险费、土地使用费	元	财务部门
					修理费用	大修修理费、日常维修费		财务部门
					税费	房产税、土地税用税、车船使用税、耕地占用税、水利建设基金、矿产资源补偿费、水资源费、价格调节基金、排污费、其他税费		财务部门
					其他费用	消防费、劳动保护费、劳务费、生产运输费、技术图书资料费、计量器具费、化验费、武装费、体检费、防洪工程费、抚恤金、业务费、春节烟花费、客人费用、送温暖及春节慰问金、会费、无房户补贴、遗属生活费、离退休费、电话费补贴、网络租赁费、其他		财务部门
				财务费用		利息支出、汇兑损益、折现费用		财务部门
					其他费用	银行手续费、担保费、承诺费、现金折扣、其他财务费用支出务部门		财务部门
		单位成本	吨煤成本	=自产商品煤营业总成本/Σ(售煤量)			元/吨	财务部门
			吨千米成本	=营业总成本/Σ(周转量)			元/(吨·千米)	财务部门
			度电成本	=1 000×营业总成本/Σ(售电量)			元/千度	财务部门
		完全成本	吨煤完成成本	=完全成本/业务量(自产煤量)			元/吨	财务部门
			外购煤吨煤完全成本	外购煤吨煤完全成本=外购煤营业总成本/外购煤量			元/吨	财务部门
			吨千米完全成本	=完全成本/业务量(周转量)			元/(吨·千米)	财务部门
			度电成本	=完全成本/业务量(售电量)			元/千度	财务部门

表 4-1(续)

序号	分类	一级指标	二级指标	指标构成	计量单位	归口责任部门
4	成本	制造成本		制造成本＝直接成本＋制造费用	元	财务部门
			直接成本	直接成本＝材料＋人工成本＋电力 材料:包括轮胎、燃料及其他材料 人工成本:包括工资、福利费、社会保险及其他 电力成本:包括生产电力消耗成本	元	财务部门
			制造费用	折旧、维简费、井巷折旧、安全费、修理费、矿务工程费、无形资产摊销、长期待摊费用摊销、运输费、其他支出	元	财务部门
		分选加工费		＝Σ(分选加工费)	元	财务部门
5	收入	煤炭销售收入	自产煤销售收入	＝Σ自产商品煤(结算量×结算价)	元	财务部门
			外购煤销售收入	＝Σ外购煤(结算量×结算价)	元	财务部门
		铁路营业收入		＝Σ(运量×运距×运价)	元	财务部门
		售电收入		＝Σ(售电量×售电价)	元	财务部门
6	利润	营业利润		＝营业收入－营业总成本＋投资收益＋公允值变动收益	元	财务部门
		利润总额		＝营业利润＋营业外收入－营业外支出	元	财务部门
		单位利润	吨煤利润	＝自产商品煤营业利润/Σ(结算量)	元/吨	财务部门
			吨千米利润	＝营业利润/Σ(周转量)	元/(吨·千米)	财务部门
			千度电利润	＝1 000×营业利润/Σ(售电量)	元/千度	财务部门

注:1 度＝1 千瓦·时,下同。

4.4.1.1　业务量指标

(1) 自产商品煤量指标如表 4-2 所示。

表 4-2　自产商品煤量指标

指标名称	自产商品煤量,又称自产商品煤结算量,或按结算量换算的自产商品煤产量,简称自产煤量
指标定义	期间自行开采、分选加工,质量达到规定商品煤标准,经发运、结算的煤炭量
计量单位	吨
计算方式	期间生产核算单位所有结算批次煤量之和

表 4-2(续)

统计口径	1. 统计范围口径： (1) 仅针对自产煤，不包含外购煤； (2) 包含预结算量和结算调差量。 2. 统计方式口径，指统计采用的依据或方式。目前有两种口径： (1) 按业务阶段：计划值、预算值、实际值、上月值、同期值、计划累计值、预算累计值、实际累计值。 (2) 按数据来源：财务口径与业务口径统一，即以财务凭证上的结算数据进行统计，前端自产商品煤产量以此反推确定
统计维度	准能公司、哈尔乌素分公司
统计频率	日、月、季、年
数据来源	1. BKPF 会计核算凭证抬头数据。 2. BSEG 会计核算凭证行项目数据
责任部门	财务部门

(2) 外购煤量指标如表 4-3 所示。

表 4-3　外购煤量指标

指标名称	外购煤量
指标定义	期间自行开采、分选加工，质量达到规定商品煤标准，经发运、结算的煤炭量
计量单位	吨
计算方式	期间生产核算单位所有结算批次煤量之和
统计口径	1. 统计范围口径： (1) 仅针对外购煤； (2) 包含预结算量和结算调差量。 2. 统计方式口径，指统计采用的依据或方式。目前有两种口径： (1) 按业务阶段：计划值、预算值、实际值、上月值、同期值、计划累计值、预算累计值、实际累计值。 (2) 按数据来源：财务口径与业务口径统一，即以财务凭证上的结算数据进行统计，前端自产商品煤产量以此反推确定
统计维度	煤种、外购煤供应商
统计频率	日、月、季、年
数据来源	1. BKPF 会计核算凭证抬头数据。 2. BSEG 会计核算凭证行项目数据
责任部门	财务部门

(3) 运量指标如表 4-4 所示。

表 4-4　运量指标

指标名称	运量
指标定义	期间铁路运输企业运送货物总质量
计量单位	吨
计算方式	期间铁路运输核算单位所有结算运量之和
统计口径	1. 统计范围口径：仅包含经营核算单位运营铁路路段的运量。 2. 统计方式口径： (1) 按业务阶段：计划值、预算值、实际值、上月值、同期值、计划累计值、预算累计值、实际累计值。 (2) 按数据来源：财务口径，即以财务凭证上的结算运量数据进行统计
统计维度	大准铁路公司、准池铁路公司
统计频率	日、月、季、年
数据来源	1. BKPF 会计核算凭证抬头数据。 2. BSEG 会计核算凭证行项目数据
责任部门	财务部门

(4) 周转量指标如表 4-5 所示。

表 4-5　周转量指标

指标名称	周转量，全称铁路运输换算周转量，又称换算周转量
指标定义	铁路运输企业在一定时间段内所完成的全部货物周转量和旅客周转量的总合
计量单位	吨・千米
计算方式	期间所有完成运输批次的运量与运距之积的和
统计口径	1. 统计范围口径：仅包含经营核算单位运营铁路路段的运量。 2. 统计方式口径： (1) 按业务阶段：计划值、预算值、实际值、上月值、同期值、计划累计值、预算累计值、实际累计值。 (2) 按数据来源：财务口径，即以财务凭证上的结算运量、运距数据进行计算统计
统计维度	大准铁路公司、准池铁路公司
统计频率	日、月、季、年
数据来源	1. BKPF 会计核算凭证抬头数据。 2. BSEG 会计核算凭证行项目数据
责任部门	财务部门

(5) 售电量指标如表 4-6 所示。

表 4-6　售电量指标

指标名称	售电量
指标定义	一定时间内发电企业售给电网、其他用户的电量以及售给本企业非电力生产、基本建设、大修和非生产等部门的电量总和
计量单位	度

表 4-6(续)

计算方式	期间发电企业所有批次售电结算量之和
统计口径	1. 统计范围口径:仅包含发电核算单位售卖结算电量。 2. 统计方式口径: (1) 按业务阶段:计划值、预算值、实际值、上月值、同期值、计划累计值、预算累计值、实际累计值。 (2) 按数据来源:财务口径,即以财务凭证上的结算电量数据进行统计
统计维度	矸电厂、一电厂
统计频率	日、月、季、年
数据来源	1. BKPF 会计核算凭证抬头数据。 2. BSEG 会计核算凭证行项目数据
责任部门	财务部门

4.4.1.2　收入指标

(1) 营业收入指标如表 4-7 所示。

表 4-7　营业收入指标

指标名称	营业收入
指标定义	一定时期内企业从事销售商品,提供劳务和让渡资产使用权等日常经营业务过程中所形成的经济利益的总流入
计量单位	元
计算方式	营业收入=主营业务收入+其他业务收入 其中: 1. 煤炭主营业务收入(煤炭销售收入)=期间所有批次商品煤结算金额之和 2. 铁路主营业务收入=期间所有批次运输结算金额之和 3. 电力主营业务收入=期间所有批次售电金额之和 4. 其他业务收入为对板块应科目下所有收入之和
统计口径	1. 统计范围口径:煤炭销售收入包含自产商品煤销售收入和外购煤销售收入。 2. 统计方式口径: (1) 按业务阶段:计划值、预算值、实际值、上月值、同期值、计划累计值、预算累计值、实际累计值。 (2) 按数据来源:财务口径,即以财务凭证上的结算金额进行统计
统计维度	煤炭板块:准能公司、哈尔乌素分公司、煤炭经销公司。 电力板块:矸电厂、一电厂。 铁路板块:大准铁路、准池铁路
统计频率	日、月、季、年
数据来源	1. BKPF 会计核算凭证抬头数据。 2. BSEG 会计核算凭证行项目数据
责任部门	财务部门

（2）自采商品煤销售收入指标如表 4-8 所示。

表 4-8　自采商品煤销售收入指标

指标名称	自采商品煤销售收入
指标定义	一定时期内煤炭生产企业销售所有自产商品煤的收入
计量单位	元
计算方式	期间所有批次自产商品煤结算金额之和
统计口径	1. 统计范围口径：仅指自产商品煤的销售收入。 2. 统计方式口径： （1）按业务阶段：计划值、预算值、实际值、上月值、同期值、计划累计值、预算累计值、实际累计值。 （2）按数据来源：财务口径，即以财务凭证上的结算金额进行统计
统计维度	准能公司、哈尔乌素分公司
统计频率	日、月、季、年
数据来源	1. BKPF 会计核算凭证抬头数据。 2. BSEG 会计核算凭证行项目数据
责任部门	财务部门

（3）外购煤销售收入指标如表 4-9 所示。

表 4-9　外购煤销售收入指标

指标名称	外购煤销售收入
指标定义	一定时期内煤炭经销单位销售所有外购煤的收入
计量单位	元
计算方式	期间所有批次外购煤结算金额之和
统计口径	1. 统计范围口径：仅指外购煤的销售收入。 2. 统计方式口径： （1）按业务阶段：计划值、预算值、实际值、上月值、同期值、计划累计值、预算累计值、实际累计值。 （2）按数据来源：财务口径，即以财务凭证上的结算金额进行统计
统计维度	煤炭经销公司
统计频率	日、月、季、年
数据来源	1. BKPF 会计核算凭证抬头数据。 2. BSEG 会计核算凭证行项目数据
责任部门	财务部门

（4）铁路销售收入指标如表 4-10 所示。

表 4-10　铁路销售收入指标

指标名称	铁路销售收入
指标定义	一定时期内铁路运输单位提供运输服务所获得的销售收入
计量单位	元
计算方式	期间铁路经营核算单位所有批次结算运输服务费用之和
统计口径	1. 统计范围口径：仅指提供主营的运输服务所获得的收入。 2. 统计方式口径： (1) 按业务阶段：计划值、预算值、实际值、上月值、同期值、计划累计值、预算累计值、实际累计值。 (2) 按数据来源：财务口径，即以财务凭证上的结算金额进行统计
统计维度	大准铁路、准池铁路
统计频率	日、月、季、年
数据来源	1. BKPF 会计核算凭证抬头数据。 2. BSEG 会计核算凭证行项目数据
责任部门	财务部门

(5) 售电收入指标如表 4-11 所示。

表 4-11　售电收入指标

指标名称	售电收入
指标定义	一定时间内发电企业向电网及其他用户供电所获得的售电收入
计量单位	元
计算方式	期间发电核算单位所有批次结算售电金额之和
统计口径	1. 统计范围口径：仅指售电收入，不包含其他非主营收入。 2. 统计方式口径： (1) 按业务阶段：计划值、预算值、实际值、上月值、同期值、计划累计值、预算累计值、实际累计值。 (2) 按数据来源：财务口径，即以财务凭证上的结算金额进行统计
统计维度	矸电厂、一电厂
统计频率	日、月、季、年
数据来源	1. BKPF 会计核算凭证抬头数据。 2. BSEG 会计核算凭证行项目数据
责任部门	财务部门

4.4.1.3　价格指标

(1) 自采商品煤价指标如表 4-12 所示。

表 4-12　自采商品煤价指标

指标名称	自采商品煤价
指标定义	一定时期内煤炭企业销售结算自产商品煤的平均价格
计量单位	元/吨
计算方式	期间自产商品煤销售收入除以同期自产商品煤量
统计口径	1. 统计范围口径：仅指自产煤。 2. 统计方式口径： (1) 按业务阶段：预算值、实际值、上月值、同期值。 (2) 按数据来源：财务口径，即以财务凭证上的结算金额进行统计
统计维度	准能公司、哈尔乌素分公司
统计频率	日、月、季、年
数据来源	1. BKPF 会计核算凭证抬头数据。 2. BSEG 会计核算凭证行项目数据
责任部门	财务部门

(2) 外购煤商品煤价指标如表 4-13 所示。

表 4-13　外购煤商品煤价指标

指标名称	外购煤商品煤价
指标定义	一定时期内外购煤销售结算商品煤的平均价格
计量单位	元/吨
计算方式	期间外购煤商品煤销售收入除以同期外购煤量
统计口径	1. 统计范围口径：仅指自产煤。 2. 统计方式口径： (1) 按业务阶段：预算值、实际值、上月值、同期值。 (2) 按数据来源：财务口径，即以财务凭证上的结算金额进行统计
统计维度	采购煤种、煤源供应商
统计频率	日、月、季、年
数据来源	销售订单
责任部门	财务部门

(3) 运价指标如表 4-14 所示。

表 4-14　运价指标

指标名称	运价
指标定义	一定时期内铁路运营单位结算运输服务费的平均价格
计量单位	元/(吨·千米)
计算方式	期间铁路销售收入除以同期铁路周转量(运量乘运距)之商
统计口径	1. 统计范围口径:铁路销售收入仅指铁路运输企业主营的铁路运输服务收入,不包括其他业务收入。 2. 统计方式口径: (1) 按业务阶段:预算值、实际值、上月值、同期值。 (2) 按数据来源:财务口径,即以财务凭证上各批次结算运量、运距、运价进行计算统计
统计维度	大准铁路、准池铁路
统计频率	日、月、季、年
数据来源	1. BKPF 会计核算凭证抬头数据。 2. BSEG 会计核算凭证行项目数据
责任部门	财务部门
备注	铁路运价一般由国家或上级主管部门发布,正常情况下实际运价在调价节点前后才出现运价波动

(4) 售电价指标如表 4-15 所示。

表 4-15　售电价指标

指标名称	售电价
指标定义	一定时期内发电企业售电的平均价格
计量单位	元/千度
计算方式	期间内发电企业售电结算收入除以售电量之商
统计口径	1. 统计范围口径:售电收入包括统计期间所有批次售电收入。 2. 统计方式口径: (1) 按业务阶段:预算值、实际值、上月值、同期值。 (2) 按数据来源:财务口径,即以财务凭证上各批次结算金额、电量数据进行计算统计
统计维度	矸电厂
统计频率	日、月、季、年
数据来源	1. BKPF 会计核算凭证抬头数据。 2. BSEG 会计核算凭证行项目数据
责任部门	财务部门

4.4.1.4　成本指标

(1) 营业总成本指标如表 4-16 所示。

表 4-16　营业总成本指标

指标名称	营业总成本
指标定义	营业总成本是广义上的成本，指成本、费用和其他所有引起企业资产减少的支出的总和
计量单位	万元
计算方式	营业总成本＝营业成本＋营业税金及附加＋期间费用＋资产减值损失； 期间费用＝销售费用＋管理费用＋财务费用； 营业总成本各项目成本、费用的明细构成参见表 4-1 中对应细目
统计口径	1. 统计范围口径：仅包含按照会计科目核算的对象业务范围内发生的成本、费用；不包含核算主体期间内公允值变动损失、投资损失等。 2. 统计方式口径： (1) 按业务阶段：预算值、实际值、上月值、同期值、预算累计值、年度累计值。 (2) 按数据来源：财务口径，即按总账和明细账对应财务凭证的明细记录数据进行计算统计
统计维度	煤炭板块：准能公司、哈尔乌素分公司、煤炭经销公司。 电力板块：矸电厂、一电厂。 铁路板块：大准铁路、准池铁路
统计频率	日、月、季、年
数据来源	1. BKPF 会计核算凭证抬头数据。 2. BSEG 会计核算凭证行项目数据
责任部门	财务部门

(2) 单位成本指标。

① 吨煤成本指标如表 4-17 所示。

表 4-17　吨煤成本指标

指标名称	吨煤成本，又称商品煤单位成本，除非特殊指明指自产商品煤单位成本
指标定义	一定时期内煤炭生产企业自产商品煤的平均成本
计量单位	元/吨
计算方式	吨煤成本＝营业总成本/自产商品煤量
统计口径	1. 统计范围口径： (1) 仅适用于自产商品煤的核算企业，不适用于外购煤经销企业； (2) 计算采用的营业总成本仅为自产商品煤生产、销售所发生的成本费用，不包括外购煤购销发生的成本、费用。 2. 统计方式口径： (1) 按业务阶段：预算值、实际值、上月值、同期值。 (2) 按数据来源：财务口径，即按财务凭证统计的营业总成本、自产商品煤量等数据进行计算
统计维度	准能公司、哈尔乌素分公司
统计频率	日、月、季、年
数据来源	1. BKPF 会计核算凭证抬头数据。 2. BSEG 会计核算凭证行项目数据
责任部门	财务部门

② 外购煤吨煤成本指标如表 4-18 所示。

表 4-18　外购煤吨煤成本指标

指标名称	外购煤吨煤成本
指标定义	一定时期内外购煤商品煤的平均成本,即外购煤吨煤单位成本
计量单位	元/吨
计算方式	外购煤吨煤成本=完全成本/业务量(外购煤量)
统计口径	1. 统计范围口径: (1) 仅适用于外购煤; (2) 计算采用的营业总成本仅为外购商品煤和销售所发生的成本费用。 2. 统计方式口径: (1) 按业务阶段:预算值、实际值、上月值、同期值。 (2) 按数据来源:财务口径,即按财务凭证统计的营业总成本、自产商品煤量等数据进行计算
统计维度	采购煤种、煤源供应商
统计频率	日、月、季、年
数据来源	1. BKPF 会计核算凭证抬头数据。 2. BSEG 会计核算凭证行项目数据
责任部门	财务部门

③ 吨千米成本指标如表 4-19 所示。

表 4-19　吨千米成本指标

指标名称	吨千米成本,又称铁路运营单位成本,或铁路单位成本
指标定义	一定时期内铁路运营所发生的营业总成本均摊到每吨千米上的平均成本
计量单位	元/(吨·千米)
计算方式	吨千米成本=营业总成本/周转量
统计口径	1. 统计范围口径:(无说明)。 2. 统计方式口径: (1) 按业务阶段:预算值、实际值、上月值、同期值。 (2) 按数据来源:财务口径,即按财务凭证统计的营业总成本、周转量数据进行计算
统计维度	大准铁路、准池铁路
统计频率	日、月、季、年
数据来源	1. BKPF 会计核算凭证抬头数据。 2. BSEG 会计核算凭证行项目数据
责任部门	财务部门

④ 度电成本指标如表 4-20 所示。

表 4-20　度电成本指标

指标名称	度电成本,又称发电单位成本
指标定义	一定时间内发电企业营业综合成本均摊到每千度的平均成本
计量单位	元/千度
计算方式	度电成本＝1 000×营业总成本/售电量
统计口径	1. 统计范围口径:(无说明)。 2. 统计方式口径: (1) 按业务阶段:预算值、实际值、上月值、同期值。 (2) 按数据来源:财务口径,即按财务凭证统计的营业总成本、售电量量数据进行计算
统计维度	矸电厂
统计频率	日、月、季、年
数据来源	1. BKPF 会计核算凭证抬头数据。 2. BSEG 会计核算凭证行项目数据
责任部门	财务部门

(3) 完全成本指标如表 4-21 所示。

表 4-21　完全成本指标

指标名称	完全成本
指标定义	包括营业成本、营业外收支、资产处置等成本
计量单位	万元
计算方式	营业总成本＝营业成本＋营业税金及附加＋期间费用＋资产减值损失; 期间费用＝销售费用＋管理费用＋财务费用
统计口径	1. 统计范围口径:仅包含按照会计科目核算的对象业务范围内发生的成本、费用;不包含核算主体期间内公允值变动损失、投资损失等。 2. 统计方式口径: (1) 按业务阶段:预算值、实际值、上月值、同期值、预算累计值、年度累计值。 (2) 按数据来源:财务口径,即按总账和明细账对应财务凭证的明细记录数据进行计算统计
统计维度	煤炭板块:准能公司、哈尔乌素分公司、煤炭经销公司。 电力板块:矸电厂。 铁路板块:大准铁路、准池铁路
统计频率	日、月、季、年
数据来源	BCS
责任部门	财务部门

① 吨煤完全成本指标如表 4-22 所示。

表 4-22 吨煤完全成本指标

指标名称	吨煤完全成本
指标定义	包括营业成本、营业外收支、资产处置等成本的吨煤成本
计量单位	元/吨
计算方式	吨煤完全成本＝完全成本/业务量(自产煤量)
统计口径	1. 统计范围口径:仅包含按照会计科目核算的对象业务范围内发生的成本、费用;不包含核算主体期间内公允值变动损失、投资损失等。 2. 统计方式口径: (1) 按业务阶段:预算值、实际值、上月值、同期值、预算累计值、年度累计值。 (2) 按数据来源:财务口径,即按总账和明细账对应财务凭证的明细记录数据进行计算统计
统计维度	煤炭板块:准能公司、哈尔乌素分公司
统计频率	日、月、季、年
数据来源	
责任部门	财务部门

② 外购煤吨煤完全成本指标如表 4-23 所示。

表 4-23 外购煤吨煤完全成本指标

指标名称	外购煤吨煤完全成本
指标定义	包括营业成本、营业外收支、资产处置等成本的外购煤吨煤成本
计量单位	元/吨
计算方式	外购煤吨煤完全成本＝外购煤营业总成本/外购煤量
统计口径	1. 统计范围口径: (1) 仅适用于外购煤; (2) 计算采用的营业总成本仅为外购商品煤和销售所发生的成本费用。 2. 统计方式口径: (1) 按业务阶段:预算值、实际值、上月值、同期值。 (2) 按数据来源:财务口径,即按财务凭证统计的营业总成本、自产商品煤量等数据进行计算
统计维度	采购煤种、煤源供应商
统计频率	日、月、季、年
数据来源	1. BKPF 会计核算凭证抬头数据。 2. BSEG 会计核算凭证行项目数据
责任部门	财务部门

③ 吨千米完全成本指标如表 4-24 所示。

表 4-24 吨千米完全成本指标

指标名称	吨千米完全成本
指标定义	包括营业成本、营业外收支、资产处置等成本的吨千米完全成本
计量单位	元/(吨·千米)
计算方式	吨千米完全成长＝完全成本/业务量(周转量)
统计口径	1. 统计范围口径:仅包含按照会计科目核算的对象业务范围内发生的成本、费用;不包含核算主体期间内公允值变动损失、投资损失等。 2. 统计方式口径: (1) 按业务阶段:预算值、实际值、上月值、同期值、预算累计值、年度累计值。 (2) 按数据来源:财务口径,即按总账和明细账对应财务凭证的明细记录数据进行计算统计
统计维度	煤炭板块:准能公司、哈尔乌素分公司、煤炭经销公司。 电力板块:矸电厂。 铁路板块:大准铁路、准池铁路
统计频率	日、月、季、年
数据来源	
责任部门	财务部门

④ 度电完全成本指标如表 4-25 所示。

表 4-25 度电完全成本指标

指标名称	度电完全成本
指标定义	包括营业成本、营业外收支、资产处置等成本度电成本
计量单位	元/千度
计算方式	度电完全成本指标＝完全成本/业务量(售电量)
统计口径	1. 统计范围口径:仅包含按照会计科目核算的对象业务范围内发生的成本、费用;不包含核算主体期间内公允值变动损失、投资损失等。 2. 统计方式口径: (1) 按业务阶段:预算值、实际值、上月值、同期值、预算累计值、年度累计值。 (2) 按数据来源:财务口径,即按总账和明细账对应财务凭证的明细记录数据进行计算统计
统计维度	电力板块:矸电厂
统计频率	日、月、季、年
数据来源	
责任部门	财务部门

(4) 制造成本指标(煤炭)。

① 直接成本指标(煤炭)如表 4-26 所示。

表 4-26　直接成本指标(煤炭)

指标名称	直接成本
指标定义	可以便捷予以对象化的生产耗费。费用的发生与特定的产品或劳务存有直接的关联。通常为变动成本,但也可能是固定成本
计量单位	元
计算方式	直接成本指标＝材料成本＋人工成本＋电力成本
统计口径	准能集团
统计维度	1. 统计范围口径:全集团。 2. 统计方式口径: (1) 按业务阶段:预算值、实际值、上月值、同期值、预算累计值、年度累计值。 (2) 按数据来源:财务口径,即按总账和明细账对应财务凭证的明细记录数据进行计算统计
统计频率	月、季、年
数据来源	商品煤制造成本表
责任部门	财务部门

② 大型运输车轮胎指标如表 4-27 所示。

表 4-27　大型运输车轮胎指标

指标名称	大型运输车轮胎
指标定义	哈尔乌素露天矿、黑岱沟露天矿运输原煤或成品煤所使用的大型运输车所消耗的轮胎
计量单位	元
计算方式	每个矿上所使用的轮胎价格之和
统计口径	哈尔乌素露天矿、黑岱沟露天矿
统计维度	哈尔乌素露天矿、黑岱沟露天矿
统计频率	月、季、年
数据来源	久其软件录入的财务报表
责任部门	财务部门

③ 燃料指标如表 4-28 所示。

表 4-28　燃料指标

指标名称	燃料
指标定义	指可燃烧的物质。根据物质的状态可分为固体燃料,如煤及煤加工后的产品焦炭等;液体燃料,如石油及其加工后的产品汽油、柴油等;气体燃料,如煤气、天然气等
计量单位	元
计算方式	各单位燃料消耗的总计
统计口径	准能集团
统计维度	准能公司、哈尔乌素分公司
统计频率	月、季、年
数据来源	久其软件录入的财务报表
责任部门	财务部门

④ 其他材料指标如表 4-29 所示。

表 4-29　其他材料指标

指标名称	其他材料
指标定义	除了木材、支护用品、火工产品、大型材料、机械配件、专用工具、建工材料、大型运输车轮胎、燃料、油脂等之外的影响直接成本的材料
计量单位	元
计算方式	其他材料＝材料－木材－支护用品－火工产品－大型材料－机械配件－专用工具－建工材料－大型运输车轮胎－燃料－油脂
统计口径	准能集团
统计维度	准能公司、哈尔乌素分公司
统计频率	月、季、年
数据来源	商品煤制造成本表
责任部门	财务部门

⑤ 工资(人工成本)指标如表 4-30 所示。

表 4-30　工资(人工成本)指标

指标名称	工资
指标定义	雇佣或者法定用人单位依据法律规定、或行业规定，以货币的形式对员工的劳动所支付的报酬
计量单位	元
计算方式	各公司每月支付给职工薪水之和
统计口径	1. 统计范围口径：针对所有公司。 2. 统计方式口径，指统计采用的依据或方式。目前有两种口径： (1) 按业务阶段：计划值、预算值、实际值、上月值、同期值、计划累计值、预算累计值、实际累计值。 (2) 按数据来源：财务口径与业务口径统一，即以财务凭证上的数据进行统计
统计维度	全集团
统计频率	日、月、季、年
数据来源	1. BKPF 会计核算凭证抬头数据。 2. BSEG 会计核算凭证行项目数据
责任部门	财务部门

⑥ 制造费用(煤炭)指标如表 4-31 所示。

表 4-31　制造费用(煤炭)指标

指标名称	制造费用
指标定义	制造费用指企业为生产产品和提供劳务而发生的各项间接费用
计量单位	元
计算方式	企业生产部门(如生产车间)发生的水电费、固定资产折旧、无形资产摊销、管理人员的职工薪酬、劳动保护费、国家规定的有关环保费用、季节性和修理期间的停工损失等之和
统计口径	1. 统计范围口径： (1) 仅针对自产煤,不包含外购煤； (2) 包含预结算量和结算调差量。 2. 统计方式口径,指统计采用的依据或方式。目前有两种口径： (1) 按业务阶段:计划值、预算值、实际值、上月值、同期值、计划累计值、预算累计值、实际累计值。 (2) 按数据来源:财务口径与业务口径统一,即以财务凭证上的数据进行统计
统计维度	准能公司、哈尔乌素分公司
统计频率	日、月、季、年
数据来源	1. BKPF 会计核算凭证抬头数据。 2. BSEG 会计核算凭证行项目数据
责任部门	财务部门

⑦ 修理费指标如表 4-32 所示。

表 4-32　修理费指标

指标名称	修理费
指标定义	设备资产在使用过程中,为保持和改善设备的功能和精度、维持其原有性能所发生的费用
计量单位	元
计算方式	期间生产累计改善和维护设备所发生的费用之和
统计口径	1. 统计范围口径:针对所有公司。 2. 统计方式口径,指统计采用的依据或方式。目前有两种口径： (1) 按业务阶段:计划值、预算值、实际值、上月值、同期值、计划累计值、预算累计值、实际累计值。 (2) 按数据来源:财务口径与业务口径统一,即以财务凭证上的数据进行统计
统计维度	准能公司、哈尔乌素分公司、准池公司和准资公司
统计频率	日、月、季、年
数据来源	1. BKPF 会计核算凭证抬头数据。 2. BSEG 会计核算凭证行项目数据
责任部门	财务部门

⑧ 运输费指标如表 4-33 所示。

表 4-33　运输费指标

指标名称	运输费
指标定义	将商品从消费者原使用场所运至经营者修理、更换、退货地及返回过程中所需支付的运费。
计量单位	元
计算方式	期间生产为运输货物所发生的费用之和。
统计口径	1. 统计范围口径：针对所有公司。 2. 统计方式口径，指统计采用的依据或方式。目前有两种口径： (1) 按业务阶段：计划值、预算值、实际值、上月值、同期值、计划累计值、预算累计值、实际累计值。 (2) 按数据来源：财务口径与业务口径统一，即以财务凭证上的数据进行统计
统计维度	准能公司、哈尔乌素分公司、准池公司和准资公司
统计频率	日、月、季、年
数据来源	1. BKPF 会计核算凭证抬头数据。 2. BSEG 会计核算凭证行项目数据
责任部门	财务部门

(5) 分选加工费(煤炭)指标如表 4-34 所示。

表 4-34　分选加工费(煤炭)指标

指标名称	分选加工费
指标定义	由地下采出的含有矸石和其他杂质的毛煤，经过手选，筛选和分选，清除杂质所发生的费用
计量单位	元
计算方式	经营期间为生产商品煤所发生的费用之和
统计口径	1. 统计范围口径： (1) 仅针对自产煤，不包含外购煤； (2) 包含预结算量和结算调差量。 2. 统计方式口径，指统计采用的依据或方式。目前有两种口径： (1) 按业务阶段：计划值、预算值、实际值、上月值、同期值、计划累计值、预算累计值、实际累计值。 (2) 按数据来源：财务口径与业务口径统一，即以财务凭证上的数据进行统计
统计维度	准能公司、哈尔乌素分公司、选煤厂
统计频率	日、月、季、年
数据来源	1. BKPF 会计核算凭证抬头数据。 2. BSEG 会计核算凭证行项目数据
责任部门	财务部门

4.4.1.5　利润指标

(1) 营业利润指标如表 4-35 所示。

表 4-35　营业利润指标

指标名称	营业利润
指标定义	企业在日常销售产品和服务的经营活动过程中获得的利润
计量单位	元
计算方式	营业利润＝营业收入－营业总成本＋投资收益＋公允值变动收益 其中营业收入、营业总成本、投资收益、公允值变动收益指标参见表 4-1 及对应指标描述
统计口径	1. 统计范围口径：(无说明)。 2. 统计方式口径： (1) 按业务阶段：预算值、实际值、上月值、同期值、预算累计值、年度累计值。 (2) 按数据来源：财务口径，即按总账和明细账对应财务凭证的明细记录数据进行计算统计
统计维度	煤炭板块：准能公司、哈尔乌素分公司、煤炭经销公司。 电力板块：矸电厂。 铁路板块：大准铁路、准池铁路
统计频率	日、月、季、年
数据来源	1. BKPF 会计核算凭证抬头数据。 2. BSEG 会计核算凭证行项目数据
责任部门	财务部门

(2) 利润总额指标如表 4-36 所示。

表 4-36　利润总额指标

指标名称	利润总额
指标定义	一定时期内企业或组织在生产经营过程中各种收入扣除各种耗费后的盈余数额，反映企业在报告期内实现的盈亏总额
计量单位	元
计算方式	利润总额＝营业利润＋营业外收入－营业外支出 其中营业利润、营业外收入、营业外支出指标参见本章《综合经营指标一览表》及对应指标描述
统计口径	1. 统计范围口径：(无说明)。 2. 统计方式口径： (1) 按业务阶段：预算值、实际值、上月值、同期值、预算累计值、年度累计值。 (2) 按数据来源：财务口径，即按总账和明细账对应财务凭证的明细记录数据进行计算统计
统计维度	煤炭板块：准能公司、哈尔乌素分公司、煤炭经销公司。 电力板块：矸电厂。 铁路板块：大准铁路、准池铁路
统计频率	日、月、季、年
数据来源	1. BKPF 会计核算凭证抬头数据。 2. BSEG 会计核算凭证行项目数据
责任部门	财务部门

(3) 单位利润指标。

① 吨煤利润指标如表 4-37 所示。

表 4-37　吨煤利润指标

指标名称	吨煤利润，又称商品煤单位利润；除非特殊指明，皆指自产商品煤单位利润
指标定义	一定时期内煤炭生产企业利润总额均摊到每吨自产商品煤的平均利润
计量单位	元/吨
计算方式	吨煤利润＝利润总额/自产商品煤量
统计口径	1. 统计范围口径：仅针对自产商品煤进行计算统计。 2. 统计方式口径： (1) 按业务阶段：预算值、实际值、上月值、同期值。 (2) 按数据来源：财务口径，即按总账和明细账对应财务凭证的明细记录数据进行计算统计
统计维度	准能公司、哈尔乌素分公司
统计频率	日、月、季、年
数据来源	1. BKPF 会计核算凭证抬头数据。 2. BSEG 会计核算凭证行项目数据
责任部门	财务部门

② 外购煤吨煤利润指标如表 4-38 所示。

表 4-38　外购煤吨煤利润指标

指标名称	外购煤吨煤利润
指标定义	一定时期内煤炭生产企业利润总额均摊到每吨自产商品煤的平均利润(单位利润)
计量单位	元/吨
计算方式	外购煤吨煤利润＝外购煤利润总额/外购煤商品煤量
统计口径	1. 统计范围口径：仅针对外购煤商品煤进行计算统计。 2. 统计方式口径： (1) 按业务阶段：预算值、实际值、上月值、同期值。 (2) 按数据来源：财务口径，即按总账和明细账对应财务凭证的明细记录数据进行计算统计
统计维度	准能公司、哈尔乌素分公司
统计频率	日、月、季、年
数据来源	1. BKPF 会计核算凭证抬头数据。 2. BSEG 会计核算凭证行项目数据
责任部门	财务部门

③ 吨千米利润指标如表 4-39 所示。

表 4-39　吨千米利润指标

指标名称	吨千米利润，又称铁路运营单位利润，或铁路单位利润
指标定义	一定时期内铁路企业利润总额均摊到所完成每吨千米周转量上的平均利润
计量单位	元/(吨·千米)
计算方式	吨千米利润＝利润总额/周转量
统计口径	
统计维度	大准铁路、准池铁路
统计频率	日、月、季、年
数据来源	1. BKPF 会计核算凭证抬头数据。 2. BSEG 会计核算凭证行项目数据
责任部门	财务部门

④ 度电利润指标如表 4-40 所示。

表 4-40　度电利润指标

指标名称	度电利润，又称售电单位利润
指标定义	一定时期内发电企业利润总额均摊到每一千度电量的平均利润
计量单位	元/千度
计算方式	度电利润＝1 000×利润总额/售电量
统计口径	1. 统计范围口径：(无说明)。 2. 统计方式口径： (1) 按业务阶段：预算值、实际值、上月值、同期值。 (2) 按数据来源：财务口径，即按总账和明细账对应财务凭证明细记录数据进行计算统计
统计维度	矸电厂、一电厂
统计频率	日、月、季、年
数据来源	1. BKPF 会计核算凭证抬头数据。 2. BSEG 会计核算凭证行项目数据
责任部门	财务部门

4.4.1.6　财务指标

(1) 资产负债率指标如表 4-41 所示。

表 4-41　资产负债率指标

指标名称	资产负债率
指标定义	用来衡量企业利用债权人提供资金进行经营活动的能力，以及反映债权人发放贷款的安全程度的指标。通过将企业的负债总额与资产总额相比较得出，反映在企业全部资产中属于负债比率
计量单位	百分比
计算方式	资产负债率＝负债总额/资产总额×100％
统计口径	全集团
统计维度	全集团
统计频率	月、季、年
数据来源	久其软件生成的月报、年报
责任部门	财务部

(2) 资金成本率指标如表 4-42 所示。

表 4-42　资金成本率指标

指标名称	资金成本率
指标定义	资金成本率是单位时间内使用资金所需支付的费用占资金总额的百分比
计量单位	百分比
计算方式	资金成本率＝资金占用费/筹资净额＝资金占用费/[筹资总额×(1－筹资费率)]
统计口径	全集团
统计维度	全集团
统计频率	月、季、年
数据来源	久其软件生成的月报、年报
责任部门	财务部

4.4.2　物资管理

物资采购类指标如表 4-43 所示。

表 4-43　物资采购类指标

序号	业务域	一级指标	二级指标	三级指标	计量单位	归口责任部门
1	需求管理	需求计划提报总量(金额)			万元	
2		需求计划提报总量(数量)			行项目数	
3	采购计划管理	采购申请计划(金额)			万元	
4		采购申请计划(数量)			行项目数	

表 4-43(续)

序号	业务域	一级指标	二级指标	三级指标	计量单位	归口责任部门
5	采购计划管理	采购总量(合同金额)			万元	
6			国际采购及油脂总量(合同金额)		万元	
7			招标总量(合同金额)		万元	
8				寄售总量(合同金额)	万元	
9				非寄售总量(合同金额)	万元	
10			非招标总量(合同金额)		万元	
11		采购总量(合同数量)			个	
12			国际采购及油脂总量(合同数量)		个	
13			招标总量(合同数量)		个	
14				寄售总量(合同数量)	个	
15				非寄售总量(合同数量)	个	
16			非招标总量(合同数量)		个	
17		招标率				
18	仓储与库存管理	入库总量(金额)			万元	
19		入库总量(数量)			行项目数	
20		出库总量(金额)			万元	
21		出库总量(数量)			行项目数	
22		库存总量(金额)			万元	
23			一年及以下库存(金额)		万元	
24			一到三年以内库存(金额)		万元	
25			三到五年以内库存(金额)		万元	
26			五年及以上库存(金额)		万元	
27		库存总量(数量)				
28			一年及以下库存(行项目数)		行项目数	
29			一到三年以内库存(行项目数)		行项目数	
30			三到五年以内库存(行项目数)		行项目数	
31			五年及以上库存(行项目数)		行项目数	
32		库存周转率				

4.4.2.1 需求管理

（1）需求计划提报总量(金额)如表 4-44 所示。

表 4-44　需求计划提报总量(金额)

指标名称	需求计划提报总量(金额)
指标定义	包括全集团材料、配件、设备需求计划的金额
计量单位	万元(不含税)
计算方式	各公司需求计划提报总量(金额)(组织结构)之和
统计口径	全集团
统计维度	公司、成本中心(到二级单位)
统计频率	月
数据来源	ERP 物资
责任部门	机电管理部

（2）需求计划提报总量(数量)如表 4-45 所示。

表 4-45　需求计划提报总量(数量)

指标名称	需求计划提报总量(数量)
指标定义	包括全集团材料、配件、设备需求计划的项数
计量单位	行项目数
计算方式	各公司需求计划提报总量(数量)(组织结构)之和
统计口径	全集团
统计维度	公司、成本中心(到二级单位)
统计频率	月
数据来源	ERP 物资
责任部门	机电管理部

4.4.2.2 采购计划

（1）采购申请计划(金额)如表 4-46 所示。

表 4-46　采购申请计划(金额)

指标名称	采购申请计划(金额)
指标定义	包括全集团材料、配件、设备需求计划的金额
计量单位	万元(不含税)
计算方式	各公司采购计划(金额)(组织结构)之和
统计口径	全集团
统计维度	公司、成本中心(到二级单位)
统计频率	月
数据来源	ERP 物资
责任部门	机电管理部

（2）采购申请计划（数量）如表 4-47 所示。

表 4-47　采购申请计划（数量）

指标名称	采购申请计划（数量）
指标定义	包括全集团材料、配件、设备需求计划的项数
计量单位	行项目数
计算方式	各公司采购计划（数量）（组织结构）之和
统计口径	全集团
统计维度	公司、成本中心（到二级单位）
统计频率	月
数据来源	ERP 物资
责任部门	机电管理部

4.4.2.3　采购执行

（1）采购总量（合同金额）如表 4-48 所示。

表 4-48　采购总量（合同金额）

指标名称	采购总量（合同金额）
指标定义	包括全集团材料、配件、设备的采购总金额
计量单位	万元（不含税）
计算方式	各公司采购总量（合同金额）（组织结构）之和
统计口径	全集团
统计维度	集团所管理的准能、哈尔乌素、准资、准池、肖家湾等； 采购组织（物资、设备）
统计频率	月度
数据来源	ERP 物资； SRM
责任部门	机电管理部

（2）国际采购及油脂总量（合同金额）如表 4-49 所示。

表 4-49　国际采购及油脂总量（合同金额）

指标名称	国际采购及油脂总量（合同金额）
指标定义	包括全集团国际采购及油脂总量（合同金额）
计量单位	万元
计算方式	国际采购及油脂采购总量（合同金额）（组织结构）之和
统计口径	全集团
统计维度	全集团所管理的准能集团、哈尔乌素、准资、准池、肖家湾等
统计频率	月度
数据来源	ERP 物资
责任部门	机电管理部

(3) 招标总量(合同金额)如表 4-50 所示。

表 4-50　招标总量(合同金额)

指标名称	招标总量(合同金额)
指标定义	采购过程中涉及招标项目总量(合同金额)
计量单位	万元
计算方式	各公司采购招标总量(合同金额)(组织结构)之和
统计口径	全集团
统计维度	集团所管理的准能、哈尔乌素、准资、准池、肖家湾等
统计频率	月度
责任部门	机电管理部

(4) 采购总量(合同数量)如表 4-51 所示。

表 4-51　采购总量(合同数量)

指标名称	采购总量(合同数量)
指标定义	包括全集团材料、配件、设备的采购总合同数
计量单位	个
计算方式	各公司采购总量(合同数量)(组织结构)之和
统计口径	全集团
统计维度	集团所管理的准能、哈尔乌素、准资、准池、肖家湾等
统计频率	月度
数据来源	SRM
责任部门	机电管理部

4.4.2.4　仓储与库存管理

(1) 入库总量(金额)如表 4-52 所示。

表 4-52　入库总量(金额)

指标名称	入库总量(金额)
指标定义	包括全集团材料、配件、设备的入库总金额
计量单位	万元
计算方式	按公司、工厂累加[除掉项目工厂(设备)]
统计口径	全集团
统计维度	集团所管理的准能、哈尔乌素、准资、准池、肖家湾等
统计频率	月度
数据来源	ERP 物资
责任部门	机电管理部

(2) 入库总量(数量)如表 4-53 所示。

表 4-53　入库总量(数量)

指标名称	入库总量(数量)
指标定义	包括全集团材料、配件、设备的入库总数量
计量单位	个
计算方式	按公司、工厂累加[除掉项目工厂(设备)]
统计口径	全集团
统计维度	集团所管理的准能、哈尔乌素、准资、准池、肖家湾等
统计频率	月度
数据来源	ERP 物资
责任部门	机电管理部

(3) 出库总量(金额)如表 4-54 所示。

表 4-54　出库总量(金额)

指标名称	出库总量(金额)
指标定义	包括全集团材料、配件、设备的出库总金额
计量单位	万元
计算方式	按公司、工厂累加[除掉项目工厂(设备)]
统计口径	全集团
统计维度	集团所管理的准能、哈尔乌素、准资、准池、肖家湾等
统计频率	月度
数据来源	ERP 物资
责任部门	机电管理部

(4) 出库总量(数量)如表 4-55 所示。

表 4-55　出库总量(数量)

指标名称	出库总量(数量)
指标定义	包括全集团材料、配件、设备的出库总数量
计量单位	个
计算方式	按公司、工厂累加[除掉项目工厂(设备)]
统计口径	全集团
统计维度	集团所管理的准能、哈尔乌素、准资、准池、肖家湾等
统计频率	月度
数据来源	ERP 物资
责任部门	机电管理部

(5) 库存总量(金额)如表 4-56 所示。

表 4-56　库存总量(金额)

指标名称	库存总量(金额)
指标定义	包括全集团材料、配件、设备的库存总金额
计量单位	万元
计算方式	按公司、工厂累加[除掉项目工厂(设备)]
统计口径	全集团
统计维度	集团所管理的准能、哈尔乌素、准资、准池、肖家湾等
统计频率	实时(月底)
数据来源	ERP 物资
责任部门	机电管理部

(6) 库存总量(数量)如表 4-57 所示。

表 4-57　库存总量(数量)

指标名	库存总量(数量)
指标定义	包括全集团材料、配件、设备的库存总数量
计量单位	个
计算方式	按公司、工厂累加[除掉项目工厂(设备)]
统计口径	全集团
统计维度	集团所管理的准能、哈尔乌素、准资、准池、肖家湾等
统计频率	实时(月底)
数据来源	ERP 物资
责任部门	机电管理部

(7) 库存周转率如表 4-58 所示。

表 4-58　库存周转率

指标名	库存周转率
指标定义	统计报告期内物资出库金额占平均库存金额的比率。该指标用于反映库存的周转速度。其中库存金额包括流入流出金额和重估金额
计量单位	
计算方式	库存周转率 =∑物资出库金额/[(期初库存金额+期末库存金额)/2]
统计口径	全集团
统计维度	集团所管理的准能、哈尔乌素、准资、准池、肖家湾等
统计频率	实时(月底)
数据来源	ERP 物资
责任部门	机电管理部

4.4.3 煤炭生产

煤炭生产类指标如表 4-59 所示。

表 4-59 煤炭生产类指标

序号	业务域	一级指标	二级指标	三级指标	四级指标	计量单位	归口责任部门
1	露天生产	生产剥采比				计算量	生产技术部、生产指挥中心
2		自营剥采比				计算量	生产技术部、生产指挥中心
3		采剥量				立方米	生产技术部、生产指挥中心
4		剥离量				立方米	生产技术部、生产指挥中心
5			自营剥离量			立方米	生产技术部、生产指挥中心
6				自营土方剥离量		立方米	生产技术部、生产指挥中心
7					单斗土方剥离统计量	立方米	生产技术部、生产指挥中心
8					单斗土方剥离验收量	立方米	生产技术部、生产指挥中心
9				自营岩石剥离量		立方米	生产技术部、生产指挥中心
10					单斗岩石剥离统计量	立方米	生产技术部、生产指挥中心
11					单斗岩石剥离验收量	立方米	生产技术部、生产指挥中心
12					吊斗铲倒堆量	立方米	生产技术部、生产指挥中心
13					有效抛掷量	立方米	生产技术部、生产指挥中心
14			外包剥离量			立方米	生产技术部、生产指挥中心
15				外包土方剥离量		立方米	生产技术部、生产指挥中心
16				外包岩石剥离量		立方米	生产技术部、生产指挥中心
17		采煤统计量				吨	生产技术部、生产指挥中心
18		采煤验收量				立方米	生产技术部、生产指挥中心
19		毛煤量				吨	生产技术部、生产指挥中心
20		毛煤体积				立方米	生产技术部、生产指挥中心
21		原料煤量				吨	生产技术部、生产指挥中心

表 4-59(续)

序号	业务域	一级指标	二级指标	三级指标	四级指标	计量单位	归口责任部门
22	分选生产	入选原料煤					生产技术部、生产指挥中心
23		洗出量					生产技术部、生产指挥中心
24		洗出率/产率					生产技术部、生产指挥中心
25		商品煤产量					生产技术部、生产指挥中心
26		商品煤装车量					生产技术部、生产指挥中心
27	炸药生产	炸药产量				吨	生产技术部、生产指挥中心

4.4.3.1　露天生产

（1）生产剥采比如表 4-60 所示。

表 4-60　生产剥采比

指标名称	生产剥采比
指标定义	一段时间内在露天开采过程中剥离下来的岩石量与采出的矿量的综合比值
计量单位	立方米/吨
计算方式	生产剥采比＝有效剥离总量/Σ原料煤
统计口径	分计划与实际量进行统计
统计维度	煤矿(主数据)
统计频率	月、年
数据来源	剥离量、原料煤产量
责任部门	生产技术部、生产指挥中心

（2）采剥量如表 4-61 所示。

表 4-61　采剥量

指标名称	采剥量
指标定义	露天煤矿开采过程中土岩剥离和采煤的工作总量，是核算矿山作业量的综合指标
计量单位	立方米
计算方式	采剥量＝Σ有效剥离量＋Σ采煤量
统计口径	针对准能自营及托管煤矿剥离和采煤生产工作量，从统计量和验收量两个口径进行统计
统计维度	煤矿(主数据)
统计频率	统计量：日；验收量：月
数据来源	剥离量、采煤量
责任部门	生产技术部、生产指挥中心

(3) 剥离量如表 4-62 所示。

表 4-62　剥离量

指标名称	剥离量
指标定义	露天煤矿开采过程中土岩剥离工作总量,根据准能露天生产组织特点,分为自营与外包
计量单位	立方米
计算方式	剥离量=$\sum$自营剥离量+$\sum$外包剥离量
统计口径	包括对土方及岩石的剥离工作量,从统计量和验收量两个口径进行统计
统计维度	煤矿(主数据);施工类型(自营/外包);有效/无效
统计频率	统计量:日;验收量:月
数据来源	自营剥离量、外包剥离量
责任部门	生产技术部、生产指挥中心

(4) 采煤统计量如表 4-63 所示。

表 4-63　采煤统计量

指标名称	采煤量
指标定义	露天煤矿开采过程中根据设备和货物类型进行的产量统计,反映日常生产情况
计量单位	吨
计算方式	采煤统计量=车吨位数×系数×车数(统计量)
统计口径	统计量
统计维度	煤矿(主数据);设备;司机;班组
统计频率	统计量:日/班
数据来源	卡车产量明细 DW_TRUCKOUTPUT; 月度原煤验收量 DW_ MEASURECOAL_MON
责任部门	生产技术部、生产指挥中心

(5) 原料煤量如表 4-64 所示。

表 4-64　原料煤量

指标名称	原料煤量
指标定义	从煤矿中开采出来的未经分选和加工的煤炭产品
计量单位	吨
计算方式	测算量
统计口径	选煤厂入选的煤炭量
统计维度	生产煤种/原料煤种、班次
统计频率	日、月(露天矿填报)
数据来源	cMES 分选生产日上煤管理信息 DW_ WASHSUPPLY_DAY
责任部门	生产技术部、生产指挥中心

4.4.3.2　分选生产

（1）产品煤量如表 4-65 所示。

表 4-65　产品煤量

指标名称	产品煤量
指标定义	自产或外购原料煤经过分选加工后，最终出来的可售商品煤
计量单位	吨
计算方式	胶带称计量
统计口径	分选系统胶带称计量统计
统计维度	生产煤种/分选煤种；分选系统；分选工艺；班次
统计频率	日
数据来源	cMES
责任部门	生产技术部、生产指挥中心

（2）商品煤产量如表 4-66 所示。

表 4-66　商品煤产量

指标名称	商品煤产量
指标定义	经由分选生产出来的煤产品售出煤量
计量单位	吨
计算方式	商品煤产量＝装车外运量＋矸电煤量
统计口径	准能洗煤厂装车站点统计
统计维度	客户；煤种；自产/外购煤
统计频率	日
数据来源	cMES
责任部门	生产技术部、生产指挥中心

（3）商品煤装车量如表 4-67 所示。

表 4-67　商品煤装车量

指标名称	商品煤装车量
指标定义	自产煤火车装车发运量
计量单位	吨
计算方式	上报
统计口径	准能洗煤厂装车站点统计
统计维度	商品煤种；装车站点；流向站；客户；班组；自产/外购煤
统计频率	日
数据来源	商品煤装车外运信息 DW_TRAINLOADING_DAY
责任部门	生产技术部、生产指挥中心

4.4.3.3 炸药生产

炸药产量如表 4-68 所示。

表 4-68 炸药产量

指标名称	炸药产量
指标定义	炸药厂炸药生产量
计量单位	吨
计算方式	统计
统计口径	准能炸药厂自产类炸药产量;计划量/实际量
统计维度	炸药品种;车间
统计频率	日
数据来源	生产数据库的炸药产量信息 DW_ EXPLOSIVEOUT_DAY
责任部门	生产技术部、生产指挥中心

4.4.4 铁路运输

铁路运输生产类指标如表 4-69 所示。

表 4-69 铁路运输生产类指标

序号	业务域	一级指标	二级指标	计量单位	归口责任部门	数据来源
1	运输管理	客运量		人	铁路运输管理部 大准铁路运输管理部	cMES 调度
2		旅客周转量		人·千米	铁路运输管理部 大准铁路运输管理部	cMES 调度
3		货运量/货物发送吨数		吨,万吨	铁路运输管理部 大准铁路运输管理部	cMES 调度
4		装车数		车	铁路运输管理部 大准铁路运输管理部	cMES 调度
5		卸车数		车	铁路运输管理部 大准铁路运输管理部	cMES 调度
6		货物平均运程		千米	铁路运输管理部 大准铁路运输管理部	cMES 调度
7		换算周转量		吨·千米	铁路运输管理部 大准铁路运输管理部	cMES 调度
8		货物周转量		吨·千米, 万吨·千米	铁路运输管理部 大准铁路运输管理部	cMES 调度
9		列车全周转时间		天	铁路运输管理部 大准铁路运输管理部	综合分析
10		一次货物作业停留时间(停时)		小时	铁路运输管理部 大准铁路运输管理部	综合分析
11		中转停留时间(中时)		小时	铁路运输管理部 大准铁路运输管理部	综合分析
12		分界口出入车列数		列	铁路运输管理部 大准铁路运输管理部	综合分析
13		旅行速度		千米/小时	铁路运输管理部 大准铁路运输管理部	综合分析
14		技术速度		千米/小时	铁路运输管理部 大准铁路运输管理部	综合分析

表 4-69(续)

序号	业务域	一级指标	二级指标	计量单位	归口责任部门	数据来源
15	机务管理	全周转时间		小时	铁路运输管理部	铁路机车统计信息系统
16		平均周转时间		小时	铁路运输管理部	铁路机车统计信息系统
17		日车千米		千米	铁路运输管理部	铁路机车统计信息系统
18		日产量		万吨·千米	铁路运输管理部	铁路机车统计信息系统
19		平牵总重		吨/千米	铁路运输管理部	铁路机车统计信息系统
20		技术速度		千米/小时	铁路运输管理部	铁路机车统计信息系统
21		总走行千米		千米	铁路运输管理部	铁路机车统计信息系统
22		机车旅速		千米/小时	铁路运输管理部	铁路机车统计信息系统
23		管外机车时间		小时	铁路运输管理部	铁路机车统计信息系统

4.4.4.1　运输组织管理

(1) 客运量如表 4-70 所示。

表 4-70　客运量

指标名称	客运量
指标定义	在一定时间内运送旅客的数量
计量单位	人
计算方式	统计一定时期内旅客发送总人数
统计口径	大准铁路客运数量情况统计。统计方式:实际数,业务口径
统计维度	客运量
统计频率	日、月、年
数据来源	调度管理
责任部门	铁路运输管理部、大准铁路运输管理部

(2) 旅客周转量如表 4-71 所示。

表 4-71　旅客周转量

指标名称	旅客周转量
指标定义	一定时期内铁路实际运送的每位旅客与该旅客运送距离的乘积之和，是反映运输部门在一定时期内完成旅客运输工作总量的指标
计量单位	人·千米
计算方式	旅客周转量＝Σ(发送人数×千米)
统计口径	统计范围：大准铁路旅客周转量情况统计。统计方式：实际数，业务口径
统计维度	旅客周转量
统计频率	日、月、年
数据来源	调度管理
责任部门	铁路运输管理部、大准铁路运输管理部

(3) 货运量/货物发送吨数如表 4-72 所示。

表 4-72　货运量/货物发送吨数

指标名称	货运量/货物发送吨数
指标定义	一定时期内，铁路运输部门实际运送的货物吨数
计量单位	吨，万吨
计算方式	货运量/货物发送吨数＝Σ[装车数×货车(净)载重]
统计口径	统计范围：对大准及准池所有货物发送量的统计。统计方式：实际数，业务口径
统计维度	货物品类、货物周转量、线路别、托运人、收货人、始发站、终点站、车次、车数、重量、流向(大同口、神池南口、巴准铁路、准东铁路、管内)。 其中，货物品类维度子维度为：煤炭运输、非煤运输。 煤炭运输的子维度：煤炭(混煤、沫煤、块煤)。 非煤运输的子维度：石油(柴油)；焦炭；金属矿石(铁矿、锰矿、铜精粉)；钢铁及有色金属(钢轨、铝锭、钢坯、长轨)；非金属矿石(高岭岩)；磷矿石；矿建材料(砂石、石砟、碳化硅、聚氯乙烯、研磨球)；水泥；木材；粮食；化肥及农药；零担；集装箱
统计频率	日、月、年
数据来源	调度管理
责任部门	铁路运输管理部、大准铁路运输管理部

(4) 装车数如表 4-73 所示。

表 4-73　装车数

指标名称	装车数
指标定义	在铁路货运营业站填制货票并承运，以运用车运送货物的装车，均统计为装车数
计量单位	车
计算方式	装车数＝∑[管内装车数(包括装往分界站、接轨站卸车的装车)＋输出装车数]
统计口径	统计范围：对大准及准池所有货物装车数进行统计。统计方式：实际数，业务口径
统计维度	
统计频率	日、月、年
数据来源	调度管理
责任部门	铁路运输管理部、大准铁路运输管理部

(5) 卸车数如表 4-74 所示。

表 4-74　卸车数

指标名称	卸车数
指标定义	凡填制货票以运用车运送，到达铁路货运营业站的卸车，均统计为卸车数
计量单位	车
计算方式	卸车数＝∑(管内卸车数＋输入卸车数)
统计口径	统计范围：对大准及准池所有货物到站卸车进行统计。统计方式：实际数，业务口径
统计维度	
统计频率	日、月、年
数据来源	调度管理
责任部门	铁路运输管理部、大准铁路运输管理部

(6) 货物平均运程如表 4-75 所示。

表 4-75　货物平均运程

指标名称	货物平均运程
指标定义	平均每吨货物的运送距离，是构成货物周转量的重要因素
计量单位	千米
计算方式	货物平均运程＝∑(货物周转量/货物运送量)
统计口径	统计范围：对大准及准池货物平均运程进行统计。统计方式：实际数，业务口径
统计维度	货物平均运程
统计频率	日、月、年
数据来源	调度管理
责任部门	铁路运输管理部、大准铁路运输管理部

(7) 货物周转量如表 4-76 所示。

表 4-76 货物周转量

指标名称	货物周转量
指标定义	货物重量与相应距离的乘积。从运输货物数量和运输距离两个方面综合反映铁路货物运输工作量大小的指标
计量单位	吨・千米,万吨・千米
计算方式	货物周转量=Σ(货物重量×运输里程)
统计口径	统计范围:对大准及准池货物周转量(指起票收费的)进行统计。统计方式:实际数,业务口径
统计维度	铁路线路(大准铁路、准池铁路)、货物品类(煤炭、非煤)
统计频率	日、月、年
数据来源	调度管理
责任部门	铁路运输管理部、大准铁路运输管理部

(8) 列车全周转时间如表 4-77 所示。

表 4-77 列车全周转时间

指标名称	列车全周转时间
指标定义	列车在线路上往返一次所消耗的全部时间。包括:列车在区间运行时间、列车在中间站停留时间、列车在折返站作业停留时间等
计量单位	天
计算方式	列车全周转时间=Σ(列车旅行时间+货物作业停留时间+中转停留时间)
统计口径	统计范围:对大准及准池列车全周转时间进行统计。统计方式:实际数,业务口径
统计维度	
统计频率	日、月、年
数据来源	综合分析
责任部门	铁路运输管理部、大准铁路运输管理部

(9) 一次货物作业停留时间(停时)如表 4-78 所示。

表 4-78 一次货物作业停留时间(停时)

指标名称	一次货物作业停留时间(停时)
指标定义	运用车在站线(包括区间)、专用线及专用铁路内进行装卸、倒装作业所停留的时间
计量单位	小时
计算方式	一次货物作业停留时间(停时)=货物作业车总停留车小时/装卸总次数
统计口径	统计范围:对大准及准池停时进行统计。统计方式:实际数,业务口径
统计维度	铁路线路(大准铁路、准池铁路);准池铁路(永昌站)、大准铁路包含(南坪站、肖家湾站、点岱沟站、唐公塔站、二道河、大红城、丹洲营站、黍地沟站)
统计频率	日、月、年
数据来源	综合分析
责任部门	铁路运输管理部、大准铁路运输管理部

（10）中转停留时间(中时)如表 4-79 所示。

表 4-79　中转停留时间(中时)

指标名称	中转停留时间(中时)
指标定义	列车在车站进行解体、改编、中转技术作业及其他中转作业(包括变更到站、装载整理及洗刷消毒的货车)所停留的时间
计量单位	小时
计算方式	中转停留时间(中时)＝中转车总停留车小时/中转车总数
统计口径	统计范围:对大准及准池中时进行统计。统计方式:实际数,业务口径
统计维度	铁路线路(大准铁路、准池铁路);大准铁路(燕庄站、丹洲营站、九苏木站、二道河站、点岱沟站),准池铁路(高家堡站)
统计频率	日、月、年
数据来源	综合分析
责任部门	铁路运输管理部、大准铁路运输管理部

（11）分界口出入车列数如表 4-80 所示。

表 4-80　分界口出入车列数

指标名称	分界口出入车列数
指标定义	分界站交接车列数
计量单位	列
计算方式	空、重车分开统计
统计口径	统计范围:对大准及准池分界口出入车列数进行统计。统计方式:实际数,业务口径
统计维度	分界口(神池南站、燕庄站、周家湾站、点岱沟站、丹洲营站);货物品类(煤炭,非煤);车列类别(空、重);车型(C80、C70、C64、其他);配属单位(国家能源集团、国家铁路集团公司);天窗日;非天窗日
统计频率	日、月、年
数据来源	综合分析
责任部门	铁路运输管理部、大准铁路运输管理部

（12）旅行速度如表 4-81 所示。

表 4-81　旅行速度

指标名称	旅行速度
指标定义	列车在区段内运行的平均速度,包括在中间站停站时间及起停车附加时间在内的平均速度
计量单位	千米/小时
计算方式	旅行速度＝列车千米/旅行时间(纯运行时间＋中间站停留时间)
统计口径	统计范围:对大准及准池旅行速度进行统计。统计方式:实际数,业务口径
统计维度	大准铁路(管内、区外);准池铁路
统计频率	日、月、年
数据来源	综合分析
责任部门	铁路运输管理部、大准铁路运输管理部

(13) 技术速度如表 4-82 所示。

表 4-82 技术速度

指标名称	技术速度
指标定义	列车在区段内运行,不包括中间站停站时间,但包括加减速附加时间在内的平均速度
计量单位	千米/小时
计算方式	技术速度=列车千米/纯运行时间
统计口径	统计范围:对大准及准池技术速度进行统计。统计方式:实际数,业务口径
统计维度	大准铁路(管内、区外);准池铁路
统计频率	日、月、年
数据来源	综合分析
责任部门	铁路运输管理部、大准铁路运输管理部

4.4.4.2 机务管理

(1) 全周转时间如表 4-83 所示。

表 4-83 全周转时间

指标名称	全周转时间
指标定义	机车每周转一次所消耗的时间(非运用时间除外),包括纯运转时间、中间站停留时间、本段停留时间和折返段停留时间、本段和折返段所在站停留时间。回段机车为上次入段时起至本次入段时止
计量单位	小时
计算方式	
统计口径	
统计维度	(1) 机车号;(2) 线别(准能铁路、大准线、准池线)
统计频率	日、月、季、年
数据来源	铁路机车统计信息系统(机车运用效率报表)
责任部门	铁路运输管理部

(2) 平均周转时间如表 4-84 所示。

表 4-84 平均周转时间

指标名称	平均周转时间
指标定义	机车每周转一次平均消耗的时间
计量单位	小时
计算方式	平均周转时间=机车全周转时间之和/机车周转次数 (周转次数:货物机车由本段每出入段一次各算 0.5 次)
统计口径	
统计维度	按线别准能铁路、大准线、准池线
统计频率	日、月、季、年
数据来源	铁路机车统计信息系统(机车运用效率报表)
责任部门	铁路运输管理部

（3）日车千米如表 4-85 所示。

表 4-85　日车千米

指标名称	日车千米
指标定义	平均每台运用机车在一昼夜内走行的千米
计量单位	千米
计算方式	日车千米＝机车沿线走行千米/运用机车台日 （机车台日＝实际机车台小时/24）
统计口径	
统计维度	一级维度：准能铁路、大准线路、准池线。 二级维度：货物（不包小）；货运（包小）
统计频率	日、月、季、年
数据来源	铁路机车统计信息系统（机车运用效率报表）
责任部门	铁路运输管理部

（4）日产量如表 4-86 所示。

表 4-86　日产量

指标名称	日产量
指标定义	平均每台机车在一昼夜内生产的总重
计量单位	万吨・千米
计算方式	日产量＝该运种总重吨千米/该运种机车台日
统计口径	
统计维度	1. 按机车号； 2. 按线别（准能铁路、大准线、准池线； 3. 按机车运用状况（支配机车日产量、运用机车日产量）
统计频率	日、月、季、年
数据来源	铁路机车统计信息系统（机车运用效率报表）
责任部门	铁路运输管理部

（5）平均牵引总重如表 4-87 所示。

表 4-87　平均牵引总重

指标名称	平均牵引总重
指标定义	为每台机车平均牵引列车的总重
计量单位	吨/千米
计算方式	平均牵引总重＝总重吨千米/本务、重联、补机走行千米之和
统计口径	
统计维度	准能铁路、大准线路、准池线路
统计频率	日、月、季、年
数据来源	铁路机车统计信息系统（机车运用效率报表）
责任部门	铁路运输管理部

(6) 总走行千米如表 4-88 所示。

表 4-88　总走行千米

指标名称	总走行千米
指标定义	沿线走行千米及换算走行千米之和
计量单位	千米
计算方式	
统计口径	
统计维度	准能铁路、大准线路、准池线路
统计频率	日、月、季、年
数据来源	铁路机车统计信息系统(机车运用效率报表)
责任部门	铁路运输管理部

(7) 机车旅速如表 4-89 所示。

表 4-89　机车旅速

指标名称	机车旅速
指标定义	列车机车在区段内平均每小时走行的千米
计量单位	千米/小时
计算方式	机车旅速＝本务机车走行千米/本务机车旅行时间 (旅行时间:为自始发车站出发时起至终到站到达时止的全部时间)
统计口径	
统计维度	一级维度:准能铁路、大准线路、准池线。 二级维度:货物(不包小);货运(包小)
统计频率	日、月、季、年
数据来源	铁路机车统计信息系统(机车运用效率报表)
责任部门	铁路运输管理部

(8) 管外机车时间如表 4-90 所示。

表 4-90　管外机车时间

指标名称	管外机车时间
指标定义	机车每周转一次平均消耗的时间
计量单位	小时
计算方式	管外机车时间＝机车全周转时间之和/机车周转次数 (周转次数:货物机车由本段每出入段一次各算 0.5 次)
统计口径	对大准铁路、准池铁路分别进行统计
统计维度	大准线路上(以大同东站至湖东站为管外)、准池线路上(以外西沟至神池南站为管外)巴准线上(以点岱沟至海勒斯壕南站为管外)

表 4-90(续)

统计频率	日、月、季、年
数据来源	铁路机车统计信息系统(机车运用效率报表)
责任部门	铁路运输管理部

4.4.5 发电生产

发电生产包括生产燃料管理、物料管理和运行管理等主要业务。其主要指标如表 4-91 所示。

表 4-91　发电生产指标

序号	业务域	指标名称	计量单位	归口责任部门	数据来源
1	生产燃料管理	标煤发热量	千焦/千克	机电管理部	国标
2		发电原煤热值	千焦/千克	机电管理部	cMES 调度
3	生产物料管理	发电原煤耗量	吨	机电管理部	cMES 调度
4		发电用水量	立方米	机电管理部	cMES 调度
5		耗用燃油量	吨	机电管理部	cMES 调度
6		供热原煤耗量	吨	机电管理部	cMES 调度
7		供热耗用标准煤量	吨	机电管理部	cMES 调度
8		供热用电量	万度	机电管理部	cMES 调度
9	生产运行管理	机组装机容量	千瓦	机电管理部	cMES 调度
10		发电运行时间	小时	机电管理部	cMES 调度
11		发电利用小时	小时	机电管理部	cMES 调度
12		出力系数	计算量	机电管理部	cMES 调度
13		发电量	万度	机电管理部	cMES 调度
14		供电量	万度	机电管理部	cMES 调度
15		售电量	万度	机电管理部	cMES 调度
16		上网电量	万度	机电管理部	cMES 调度
17		发电厂用电量	万度	机电管理部	cMES 调度
18		综合厂用电量	万度	机电管理部	cMES 调度
19		外购电量	万度	机电管理部	cMES 调度
20		供热量	吨	机电管理部	cMES 调度
21	生产环保管理	煤尘排放浓度	毫克/标准立方米	机电管理部	cMES 调度
22		SO_2 排放浓度	毫克/标准立方米	机电管理部	cMES 调度
23		NO_x 排放浓度	毫克/标准立方米	机电管理部	cMES 调度

4.4.5.1 生产燃料管理

(1) 标煤发热量如表 4-92 所示。

表 4-92　标煤发热量

指标名称	标煤发热量
指标定义	“标煤”是“标准煤”的简称
计量单位	千焦/千克
计算方式	
统计口径	采用标准煤为能源的度量单位，即每千克标准煤为 29 307 千焦耳(7 000 千卡)
统计维度	
统计频率	固定值
数据来源	cMES
责任部门	机电管理部

(2) 发电原煤热值如表 4-93 所示。

表 4-93　发电原煤热值

指标名称	发电原煤热值
指标定义	弹筒热值低位发热量
计量单位	千焦/千克
计算方式	实测值
统计口径	全厂
统计维度	
统计频率	日(实时)、月、年(加权平均值)
数据来源	cMES
责任部门	机电管理部

4.4.5.2　生产物料管理

(1) 发电原煤耗量如表 4-94 所示。

表 4-94　发电原煤耗量

指标名称	发电原煤耗量
指标定义	每日发电量中的各机组当日耗煤
计量单位	吨
计算方式	发电原煤耗量＝Σ各机组日耗原煤量
统计口径	矸电公司一期 2 个机组、二期 2 个机组每日原煤耗煤量
统计维度	发电机组
统计频率	日
数据来源	矸电发电信息 DW_GENERATIONINFO_DAY
责任部门	机电管理部

(2) 发电标煤耗量如表 4-95 所示。

表 4-95　发电标煤耗量

指标名称	发电标煤耗量
指标定义	每日发电量中的各机组当日耗煤折算标煤量
计量单位	吨
计算方式	发电标煤耗量＝发电原煤耗量×发电原煤热值/标煤发热量－供热耗用标准煤量
统计口径	
统计维度	发电机组
统计频率	日
数据来源	cMES/矸电发电信息 DW_GENERATIONINFO_DAY
责任部门	机电管理部

（3）发电用水量如表 4-96 所示。

表 4-96　发电用水量

指标名称	发电用水量
指标定义	报告期内为发电所耗用的水量
计量单位	吨
计算方式	发电用水量＝Σ各机组发电耗用水量
统计口径	
统计维度	全厂、发电机组
统计频率	日
数据来源	cMES/矸电发电信息 DW_GENERATIONINFO_DAY
责任部门	机电管理部

（4）耗用燃油量如表 4-97 所示。

表 4-97　耗用燃油量

指标名称	耗用燃油量
指标定义	报告期内为发电所耗用的燃油量
计量单位	吨
计算方式	耗用燃油量＝Σ各机组发电耗用燃油量
统计口径	
统计维度	全厂、发电机组
统计频率	月、年
数据来源	cMES/矸电发电信息 DW_GENERATIONINFO_DAY
责任部门	机电管理部

（5）供热耗用标准煤量如表 4-89 所示。

表 4-98 供热耗用标准煤量

指标名称	供热耗用标准煤量
指标定义	报告期内为供热所耗用的标准煤量
计量单位	吨
计算方式	供热耗用标准煤量＝供热量×折算系数
统计口径	
统计维度	全厂
统计频率	日、月、年
数据来源	cMES 取供热汽量
责任部门	机电管理部

4.4.5.3 生产运行管理

（1）机组装机容量如表 4-99 所示。

表 4-99 机组装机容量

指标名称	机组装机容量
指标定义	发电设备容量是从设备的构造和经济运行条件考虑的最大长期生产能力，设备容量是由该设备的设计所决定的，并且标明在设备的铭牌上，亦称铭牌容量
计量单位	千瓦
计算方式	机组装机容量＝∑各机组额定容量
统计口径	
统计维度	发电机组
统计频率	
数据来源	固定值
责任部门	机电管理部

（2）发电运行时间如表 4-100 所示。

表 4-100 发电运行时间

指标名称	发电运行时间
指标定义	每日发电机组设备处于运行状态的小时数
计量单位	小时
计算方式	
统计口径	
统计维度	发电机组
统计频率	日
数据来源	cMES/矸电发电信息 DW_GENERATIONINFO_DAY
责任部门	机电管理部

（3）发电利用小时如表 4-101 所示。

表 4-101　发电利用小时

指标名称	发电利用小时
指标定义	机组实际发电量折合成额定容量的运行小时数
计量单位	小时
计算方式	发电利用小时＝发电量/额定容量
统计口径	
统计维度	发电机组
统计频率	日
数据来源	cMES/矸电发电信息 DW_GENERATIONINFO_DAY
责任部门	机电管理部

（4）出力系数如表 4-102 所示。

表 4-102　出力系数

指标名称	出力系数
指标定义	平均负荷与发电机额定容量之比
计量单位	无
计算方式	出力系数＝发电量/(运行小时/机组额定容量)； 出力系数＝利用小时/运行小时
统计口径	
统计维度	发电机组
统计频率	
数据来源	cMES/矸电发电信息 DW_GENERATIONINFO_DAY
责任部门	机电管理部

（5）发电量如表 4-103 所示。

表 4-103　发电量

指标名称	发电量
指标定义	各机组发电量之和
计量单位	万度
计算方式	发电量＝Σ机组日发电量
统计口径	从日发电计划和日发电量两方面进行统计
统计维度	发电机组
统计频率	日
数据来源	cMES/矸电发电信息 DW_GENERATIONINFO_DAY
责任部门	机电管理部

(6) 供电量如表 4-104 所示。

表 4-104　供电量

指标名称	供电量
指标定义	发电机输出的电量扣去电厂自身用电后的电量
计量单位	万度
计算方式	供电量＝发电量－生产厂用电量
统计口径	3 号机组生产厂用电量＝3 号高厂变＋3 号脱硫变＋3 号励磁变－(非生产用电量＋氧化铝用电量＋输煤胶带用电量)×3 号发电量/全厂发电量； 4 号机生产厂用电量＝4 号高厂变＋4 号脱硫变＋4 号励磁变－(非生产用电量＋氧化铝用电量＋输煤胶带用电量)×4 号发电量/全厂发电量
统计维度	发电机组
统计频率	月
数据来源	cMES/矸电发电信息 DW_GENERATIONINFO_DAY
责任部门	机电管理部

(7) 售电量如表 4-105 所示。

表 4-105　售电量

指标名称	售电量
指标定义	电力企业出售给用户或其他电力企业的可供消费或生产投入的电量
计量单位	万度
计算方式	
统计口径	
统计维度	
统计频率	月
数据来源	手工录入
责任部门	机电管理部

(8) 上网电量如表 4-106 所示。

表 4-106　上网电量

指标名称	上网电量
指标定义	经过变压器送到电网的电量，扣除了变压器损耗
计量单位	万度
计算方式	上网电量＝Σ机组上网电量
统计口径	单个机组上网电量＝(机组发电量/Σ该期机组发电量)×该期上网电量
统计维度	发电机组
统计频率	日
数据来源	cMES/矸电发电信息 DW_GENERATIONINFO_DAY
责任部门	机电管理部

（9）发电厂用电量如表 4-107 所示。

表 4-107　发电厂用电量

指标名称	发电厂用电量
指标定义	发电用厂用电量为发电厂生产电能过程中消耗的电能，发电用厂用电量包括动力、照明、通风、取暖及经常维修等用电量
计量单位	万度
计算方式	3 号机组生产厂用电量＝3 号高厂变＋3 号脱硫变＋3 号励磁变－（非生产用电量＋氧化铝用电量＋输煤胶带用电量）×3 号发电量/全厂发电量； 4 号机生产厂用电量＝4 号 高厂变＋4 号 脱硫变＋4 号 励磁变－（非生产用电量＋氧化铝用电量＋输煤胶带用电量）×4 号发电量/全厂发电量
统计口径	
统计维度	发电机组
统计频率	月
数据来源	cMES/矸电发电信息 DW_GENERATIONINFO_DAY
责任部门	机电管理部

4.4.6　生产辅助

准能集团生产辅助业务主要包括生产服务公司的防冻液生产、公用事业公司的采供水管理以及供电公司的购供电管理。生产辅助指标如表 4-108 所示。

表 4-108　生产辅助指标

序号	业务域	指标名称	计量单位	归口责任部门	数据来源
1	生产服务管理	防冻液原料计划量	吨	生产服务中心	cMES 调度
2		防冻液产量	吨	生产服务中心	cMES 调度
3		防冻液销量	吨	生产服务中心	cMES 调度
4		防冻液库存量	立方米	生产服务中心	cMES 调度
5	公用事业管理	采水量	立方米	公用事业管理	cMES 调度
6		供水量	立方米	公用事业管理	cMES 调度
7		污水处理量	立方米	公用事业管理	cMES 调度
8	供电管理	年计划购入电量	万度	供电公司	cMES 调度
9		实际购入电量	万度	供电公司	cMES 调度
10		转供电量	万度	供电公司	cMES 调度
11		线变损量	万度	供电公司	cMES 调度

4.4.6.1　生产服务管理

（1）防冻液原料计划量如表 4-109 所示。

表 4-109 防冻液原料计划量

指标名称	防冻液原料计划量
指标定义	
计量单位	吨
计算方式	
统计口径	上报物资供应处数据
统计维度	原料类型(无水氯化钙、二水氯化钙)
统计频率	喷洒季(每年 11 初至次年 3 月底)
数据来源	手工填报
责任部门	生产服务中心绿化队

(2) 防冻液产量如表 4-110 所示。

表 4-110 防冻液产量

指标名称	防冻液产量
指标定义	
计量单位	吨
计算方式	
统计口径	煤用:每年 11 初至次年 3 月底。车用:全年
统计维度	防冻液类型(煤用防冻液、车用防冻液)
统计频率	批次
数据来源	cMES 防冻液产量管理 DW_ ANTOUTPUT
责任部门	生产服务中心绿化队

(3) 防冻液销量如表 4-111 所示。

表 4-111 防冻液销量

指标名称	防冻液销量
指标定义	防冻液销售量
计量单位	结算量:吨。统计量:立方米
计算方式	流量计度量
统计口径	
统计维度	防冻液类型(煤用防冻液、车用防冻液);防冻液用户
统计频率	批次
数据来源	手工填报
责任部门	生产服务中心绿化队

(4) 防冻液库存量如表 4-112 所示。

表 4-112　防冻液库存量

指标名称	防冻液库存量
指标定义	
计量单位	立方米
计算方式	
统计口径	
统计维度	防冻液类型(煤用防冻液、车用防冻液);防冻液用户
统计频率	月
数据来源	cMES 防冻液产量管理 DW_ ANTOUTPUT
责任部门	生产服务中心绿化队

(5) 服务中心转供水量如表 4-113 所示。

表 4-113　服务中心转供水量

指标名称	服务中心转供水量
指标定义	两矿区供水
计量单位	立方米
计算方式	抄表量
统计口径	两矿区供水
统计维度	用户/单位,地表水/地下水
统计频率	月
数据来源	cMES 防冻液产量管理 DW_ ANTOUTPUT
责任部门	生产服务中心生产技术部

(6) 服务中心污水处理量如表 4-114 所示。

表 4-114　服务中心污水处理量

指标名称	服务中心污水处理量
指标定义	
计量单位	立方米
计算方式	统计量
统计口径	污水处理厂按月上报污水处理量
统计维度	
统计频率	月
数据来源	手工填报
责任部门	哈尔乌素生产服务中心水暖队

4.4.6.2　公用事业管理

(1) 采水量如表 4-115 所示。

表 4-115 采水量

指标名称	采水量
指标定义	包括地表水和地下水
计量单位	立方米
计算方式	采水量=∑水源地水量
统计口径	水源地每日 15:00 上报采水量表底数,系统自动生成当日采水量
统计维度	水源类型;水源地
统计频率	日
数据来源	cMES 采水信息 DW_ WATWOREXTRACT_DAY
责任部门	公用事业公司

(2) 供水量如表 4-116 所示。

表 4-116 供水量

指标名称	供水量
指标定义	各用户月度供水量
计量单位	立方米
计算方式	抄表量
统计口径	每月 20 日的抄表量
统计维度	供水用户
统计频率	月
数据来源	cMES 供水信息 DW_ WATWORSUPPLY_MON
责任部门	公用事业公司

(3) 污水处理量如表 4-117 所示。

表 4-117 污水处理量

指标名称	污水处理量
指标定义	
计量单位	立方米
计算方式	
统计口径	污水处理厂按月上报污水处理量
统计维度	
统计频率	月
告警阈值	
数据来源	污水处理信息 DW_SEWAGEDISP_MON
责任部门	公用事业公司
备注	暂停此业务

4.4.6.3　供电管理

（1）年计划购入电量如表 4-118 所示。

表 4-118　年计划购入电量

指标名称	年计划购入电量
指标定义	
计量单位	万度
计算方式	
统计口径	年计划购电量根据用户单位提报的用电量，和年度线变损核定值，根据公式自动计算出年购电量；根据总的年计划购电量人工进行分解至中心区购电和工业购电量
统计维度	购电类别（中心区购电量、工业购电量）
统计频率	年
数据来源	cMES
责任部门	供电公司

（2）实际购入电量如表 4-119 所示。

表 4-119　实际购入电量

指标名称	实际购入电量
指标定义	
计量单位	万度
计算方式	
统计口径	按地方供电局关口表计量
统计维度	购电类别（中心区购电量、工业购电量）
统计频率	月、年
数据来源	手工填报
责任部门	供电公司

（3）转供电量如表 4-120 所示。

表 4-120　转供电量

指标名称	转供电量
指标定义	统计期内供电公司抄收的各单位实际使用电量
计量单位	万度
计算方式	
统计口径	
统计维度	公司级、二级单位
统计频率	月、年
数据来源	手工录入（cMES）
责任部门	供电公司

(4) 线变损量如表 4-121 所示。

表 4-121　线变损量

指标名称	线变损量
指标定义	
计量单位	
计算方式	线变损量=(实际购入电量－转供电量)/实际购入电量×100%
统计口径	
统计维度	公司级
统计频率	月、年
数据来源	cMES
责任部门	供电公司

4.4.7　外购煤管理

煤炭经销公司负责准能集团的外购煤管理业务。其主要指标表 4-122 所示。

表 4-122　外购煤管理指标

序号	业务域	指标名称	计量单位	归口责任部门	数据来源
1	外购煤采购管理	外购煤采购量	吨	煤炭经销公司	cMES 调度
2		上站煤量	吨	煤炭经销公司	cMES 调度
3	外购煤场存管理	煤场场存	吨	煤炭经销公司	cMES 调度
4	外购煤入洗管理	外购煤入洗量	吨	煤炭经销公司	cMES 调度
5	外购煤发运管理	外购煤汽运量	吨	煤炭经销公司	cMES 调度
6		外购煤铁路发运量	吨	煤炭经销公司	cMES 调度

4.4.7.1　外购煤采购管理

(1) 外购煤采购量如表 4-123 所示。

表 4-123　外购煤采购量

指标名称	外购煤采购量
指标定义	煤炭经销公司根据公司年度生产计划进行的外部煤源采购
计量单位	吨
计算方式	铁运收购量与汽运煤量的日输入量之和
统计口径	
统计维度	采购煤种;外购煤供应商、煤台
统计频率	月
数据来源	外购煤采购信息 DW_BUYCOAL
责任部门	生产技术部、煤炭经销公司技术部

(2) 上站煤量如表 4-124 所示。

表 4-124 上站煤量

指标名称	上站煤量
指标定义	煤炭经销公司各储煤站每日按照上煤站点、货主(外购煤供应商)、煤种三个维度,录入当日的上站煤量
计量单位	吨
计算方式	
统计口径	
统计维度	煤台;外购煤供应商;采购煤种
统计频率	日
数据来源	储煤场上站煤管理信息 DW_BUYCOALSATION_DAY
责任部门	生产技术部、煤炭经销公司技术部

4.4.7.2 外购煤场存管理

煤场场存如表 4-125 所示。

表 4-125 煤场场存

指标名称	煤场场存
指标定义	各储煤站(煤台)每日按照煤场录入当日 18:00 的场存量
计量单位	吨
计算方式	
统计口径	
统计维度	煤台;采购煤种;外购煤供应商
统计频率	日
数据来源	外购煤场存信息 DW_BUYCOALSTOCK_DAY
责任部门	生产技术部、煤炭经销公司技术部

4.4.7.3 外购煤入洗管理

外购煤入洗量如表 4-126 所示。

表 4-126 外购煤入洗量

指标名称	外购煤入洗量
指标定义	选煤厂针对煤销公司的外购分选情况,包括原料煤入洗量,产出各种品种煤的量(如商品煤、矸石的量)
计量单位	吨
计算方式	
统计口径	
统计维度	采购煤种;外购煤供应商
统计频率	日
数据来源	
责任部门	生产技术部、煤炭经销公司技术部

4.4.7.4 外购煤发运管理

（1）外购煤汽运量如表 4-127 所示。

表 4-127 外购煤汽运量

指标名称	外购煤汽运量
指标定义	各储煤站每日按照外购煤供应商、客户、发运量三个维度，录入当日的汽运煤量
计量单位	吨
计算方式	
统计口径	针对销售类别为外购煤的汽运量统计
统计维度	外购煤供应商、客户
统计频率	日
数据来源	外购煤汽运信息 DW_TRUCKLOAD_DAY
责任部门	生产技术部、煤炭经销公司技术部

（2）外购煤铁路发运量如表 4-128 所示。

表 4-128 外购煤铁路发运量

指标名称	外购煤铁路发运量
指标定义	各储煤站录入的装车信息，采集或录入煤质信息等完善的发运信息管理
计量单位	吨
计算方式	
统计口径	针对销售类别为外购煤的铁路发运量统计
统计维度	外购煤供应商、客户、煤台、流向类别（下水、管内、直达）
统计频率	日
数据来源	商品煤装车外运信息 DW_TRAINLOADING_DAY
责任部门	生产技术部、煤炭经销公司技术部

4.4.8 设备管理

设备管理包括设备规划、设备配套设计、台账管理、运行管理、维修管理、改造更新管理、封存管理、报废管理和对外调剂等主要业务。其主要指标如表 4-129 所示。

表 4-129 设备管理指标

序号	业务域	指标名称	计量单位	归口责任部门	数据来源
1	运行管理	可出动率	计算量	机电管理部	cMES 机电卡调系统
2		实动率	计算量	机电管理部	
3		设备故障率	计算量	机电管理部	
4		设备完好率	计算量	机电管理部	
5	维修管理	设备待修率	计算量	机电管理部	cMES 机电
6		计划时间	计算量	机电管理部	cMES 机电
7		外障时间	小时	机电管理部	cMES 机电
8		可动用时间	小时	机电管理部	cMES 机电

4.4.8.1　运行管理

（1）可出动率如表 4-130 所示。

表 4-130　可出动率

指标名称	可出动率
指标定义	在工作时间内设备可动用时间和日历时间的比值，反映设备生产效率
计量单位	
计算方式	单台设备可出动率＝(当期计划时间－当期内障时间)/当期计划时间×100%； 设备综合出动率＝Σ(当期计划时间－当期内障时间)/Σ当期计划时间×100%
统计口径	露天煤矿卡车与电铲生产设备的生产效率统计； 当期内障时间＝Σ当期故障时间(包括故障待修时间)＋Σ当期点检及维护保养时间(卡调系统直接获取内障时间)
统计维度	设备类型、设备(主数据)
统计频率	日/班
数据来源	卡车运行信息 DW_TRUCKINFO； 电铲运行信息 DW_SHOVELINFO； 设备故障信息 DW_FAULTRECORD
责任部门	机电管理部
备注	当期点检时间固定为半小时

（2）实动率如表 4-131 所示。

表 4-131　实动率

指标名称	实动率
指标定义	设备实际运行时间与当期计划时间的比值，反映设备的实际利用率
计量单位	
计算方式	单台设备实动率＝当期设备实际运行时间/当期设备计划时间×100%； 多台设备综合实动率＝Σ当期设备实际运行时间/Σ当期设备计划时间×100%
统计口径	露天煤矿设备实际利用情况统计
统计维度	设备类型；设备(主数据)
统计频率	日/班
数据来源	卡车运行信息 DW_TRUCKINFO； 电铲运行信息 DW_SHOVELINFO； 设备故障信息 DW_FAULTRECORD
责任部门	机电管理部

（3）设备故障率如表 4-132 所示。

表 4-132　设备故障率

指标名称	设备故障率
指标定义	设备故障时间除以计划时间的比值
计量单位	
计算方式	单台设备故障率＝当期故障时间(包括故障时间,不包括点检、保养及计划检修时间)/当期计划时间×100%; 多台设备故障率＝∑当期故障时间(包括故障时间,不包括点检、保养及计划检修时间)/∑当期计划时间×100%
统计口径	露天煤矿设备故障情况统计
统计维度	设备类型;设备(主数据)
统计频率	日/班
数据来源	设备故障信息 DW_FAULTRECORD
责任部门	机电管理部

(4) 设备完好率如表 4-133 所示。

表 4-133　设备完好率

指标名称	设备完好率
指标定义	完好的生产设备在全部动用设备中的比例
计量单位	
计算方式	设备完好率＝设备完好台数/当期设备动用台数×100%
统计口径	露天煤矿正常设备情况统计
统计维度	设备类型(主数据);煤矿(主数据)
统计频率	月
数据来源	卡车运行信息 DW_TRUCKINFO; 电铲运行信息 DW_SHOVELINFO; 设备故障信息 DW_FAULTRECORD; 设备巡检信息 DW_INSPEC
责任部门	机电管理部

4.4.8.2　维修管理

(1) 设备待修率如表 4-134 所示。

表 4-134　设备待修率

指标名称	设备待修率
指标定义	因故障停机正在修理(尚未完结)或等待修理的设备比例
计量单位	
计算方式	设备待修率＝当期待修设备台数/当期动用设备台数

表 4-134(续)

统计口径	超过 7 天未安排修理的故障设备，及已安排修理但已超过计划工期 7 天仍然没有修复的设备，算作待修设备。 当期动用设备台数：除大修、改造、封存以外的设备
统计维度	设备类型（主数据）；煤矿（主数据）
统计频率	月
数据来源	设备保养信息 DW_MAINTENANCE_DAY
责任部门	机电管理部

（2）计划时间如表 4-135 所示。

表 4-135　计划时间

指标名称	计划时间
指标定义	计划动用时间
计量单位	小时
计算方式	每天计划时间 ＝ 8 小时×计划作业台班； 当期计划时间＝(当期日历天数－大修理天数)×每天计划时间
统计口径	露天煤矿生产计划时间
统计维度	
统计频率	
数据来源	计算量
责任部门	机电管理部
备注	计划动用时间：按照正常计划安排没有出动的时间

（3）外障时间如表 4-136 所示。

表 4-136　外障时间

指标名称	外障时间
指标定义	非设备故障本身的停机时间
计量单位	小时
计算方式	
统计口径	露天煤矿生产日历时间
统计维度	
统计频率	
数据来源	
责任部门	机电管理部

（4）可动用时间如表 4-137 所示。

表 4-137　可动用时间

指标名称	可动用时间
指标定义	设备计划动用时间除去设备故障停机时间和设备定期检查保养时间剩下的时间
计量单位	小时
计算方式	可动用时间＝设备计划动用时间－设备故障停机时间－设备定期检查保养时间
统计口径	露天煤矿生产日历时间
统计维度	
统计频率	
数据来源	计算量
责任部门	机电管理部

第 5 章　实时数据标准体系构建

实时数据可分为设备运行监测类数据、环境监测类数据、能耗监测类数据等。当前准能集团各类实时数据在各自数据源系统中的命名规则不一致，因此需要建立统一的数据标准，以便于实时数据集中、统一存储、管理和分析应用。通过制定准能集团范围内统一的数采点命名规范，并将数采点纳入主数据管理，以保证数采点的唯一性和可管理性。

5.1　数采点编码规范

5.1.1　数采点编码规则

编码规则：系统编码＋开关模拟量标识＋6 位自定义数字。

规则说明：

(1) 系统编码采用 3 位字母组合，代表监测系统标识。

(2) 开关模拟量标识采用 1 位数字标识，其中 0 代表开关量，1 代表模拟量。

(3) 用户可根据实际情况对 6 位数字进行自定义。这些数据既可以为数字流水码，也可以为自定义的有意义的组合码。

(4) 数采点所有信息包括管理单位、监测系统、位置、设备、监测指标等均在属性中进行定义。

(5) 数采点信息在进行初始化编制时，根据监测系统按现有测点顺序进行，未来新增数采点可根据编码规则顺延增加。

(6) 数采点编码唯一标识一个测点实体，一经生成将不再变化。

5.1.2　数采点属性标准

数采点属性标准如表 5-1 所示。

表 5-1　数采点属性标准

属性序号	业务规则			技术规则					备注
	属性数据项名称	负责业务部门	数据项业务定义	数据类别	规则说明	数据类型	数据长度	是否必填项	
1	数采点编码		全局唯一标识码	标识类	监测系统标识＋开关模拟量标识＋6 位自定义数字	字符型	100	是	
2	数采点名称		测点全称	描述类		字符型	100	是	

表 5-1(续)

属性序号	业务规则			技术规则					备注
	属性数据项名称	负责业务部门	数据项业务定义	数据类别	规则说明	数据类型	数据长度	是否必填项	
3	数采点简称		简称、别称	描述类		字符型	100	否	
4	所属单位		所属准能单位或部门	描述类		字符型	100	是	
5	监管单位		外部监管单位	描述类		字符型	100	否	
6	地理位置		测点所在位置	描述类		字符型	100	是	
7	设备编码		设备类测点位置	描述类		字符型	8	否	
8	设备名称			描述类		字符型	100	否	
801	设备部件位置		具体设备部件位置	描述类		数值型	100	否	
9	监测指标		测点监测指标	描述类		数值型	20	是	
10	开关量或模拟量		指标类型标识	描述类		数值型	20	是	

5.2 应用系统编码规范

5.2.1 应用系统编码规则

编码规则:3 位字母组合。

规则说明:

(1) 可选取系统首字母或英文缩写形式,通过 3 位字母组合标识系统编码。

(2) 系统编码在进行初始化编制时,可根据准能集团现有系统顺序进行,以后新增系统可根据编码规范进行增加。

(3) 应用系统的系统名称、所属单位、承建商等信息均在属性中进行描述。

(4) 系统编码唯一标识一个应用系统,一经生成将不再变化。

5.2.2 应用系统属性标准

应用系统属性标准如表 5-2 所示。

表 5-2 应用系统属性标准

属性序号	业务规则			技术规则					备注
	属性数据项名称	负责业务部门	数据项业务定义	数据类别	规则说明	数据类型	数据长度	是否必填项	
1	应用系统编码		全局唯一标识码	标识类	3 位字母组合	字符型	3	是	
2	应用系统名称		系统全称	描述类		字符型	100	是	
3	应用系统简称		简称、别称	描述类		字符型	100	否	

表 5-2(续)

属性序号	业务规则			技术规则					备注
	属性数据项名称	负责业务部门	数据项业务定义	数据类别	规则说明	数据类型	数据长度	是否必填项	
4	所属单位		所属准能单位或部门	描述类		字符型	100	是	
5	系统建设类型			维度类		字符型	1	是	参考分类数据 DIM001
6	系统厂商			描述类		字符型	100	是	
7	系统版本			描述类		字符型	100	否	
8	数据库版本			描述类		字符型	100	否	
9	系统接口类型		对外提供接口名称	描述类		字符型	100	否	
10	上线时间			描述类		日期型	8	否	
11	系统状态			维度类		字符型	1	是	参考分类数据 DIM002
12	备注			描述类		字符型	100	是	

5.2.3　分类数据标准

系统建设类型如表 5-3 所示。

表 5-3　系统建设类型

数据项编码	DIM001	数据项名称	系统建设类型
编码规则	采用 1 位数字编码	代码长度	1
代码	名称	业务含义说明	
1	统建系统		
2	准能自建		
3	外部系统		

系统状态如表 5-4 所示。

表 5-4　系统状态

数据项编码	DIM002	数据项名称	系统状态
编码规则	采用 1 位数字编码	代码长度	1
代码	名称	业务含义说明	
1	规划实施		
2	上线运行		
3	停用		

第6章 数据管控体系构建

如今,数据以及数据产生的信息已经被公认为是企业的资产。企业通过数据资产的深度应用和挖掘,可以做出更加明智和有效的决策,提供更好的产品和服务,降低成本,控制风险,实现生产、组织和管理模式的创新,提升市场竞争能力。从准能集团信息化建设现状来看,目前数据管控能力和水平还不高,需要进一步加强数据管控组织、体系和配套制度建设,将分散在各业务系统的数据进行有效整合,充分发掘数据价值,为企业生产、经营和管理提供高效支持和服务。

6.1 数据管控体系总体框架

参照神华集团数据管控相关管理规范,结合国际数据管理体系架构指南和最佳实践,可构建准能集团数据管控体系总体框架,如图6-1所示。

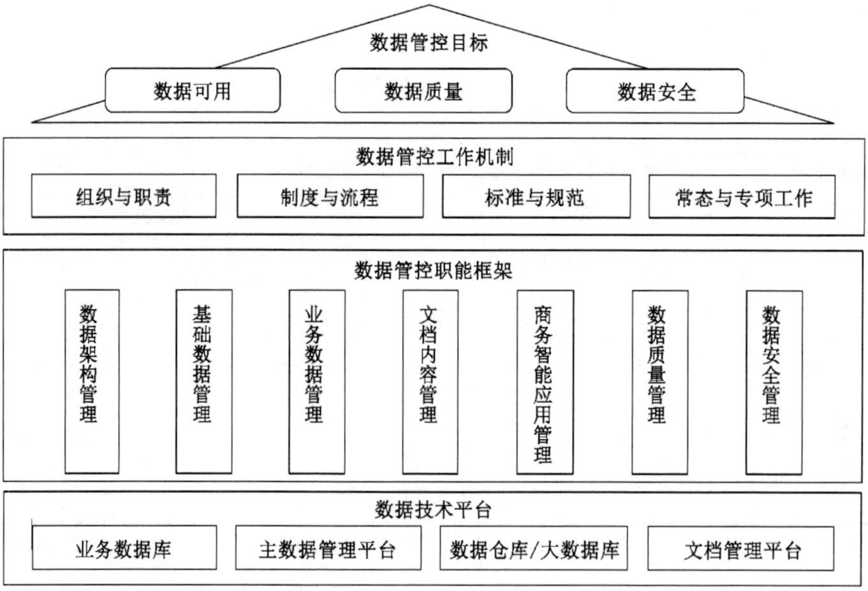

图6-1 准能集团数据管控体系总体框架

6.2 数据管控工作目标

准能集团数据管控工作的总体目标是通过数据管控体系的建立和运行,为信息化应用打造准确、完整、一致、安全的良好数据环境,以确保数据的高可用性,并持续提升数据的质量和安全水平，使数据资产能够高效支撑准能集团的生产运营管理和战略决策，创造业务价值。

当前，准能集团的数据管控工作尚处于起步阶段，现阶段的主要工作是进一步明确组织和职责，按照急用先行的原则建立相关制度、流程、标准和规范，用以解决应用系统建设、运行过程中的数据标准化和合规性问题，实现数据需求和问题的“识别、分析、解决、固化”闭环管理，保障数据用户需求得到持续满足、数据质量水平持续提升、数据管控体系持续优化。

6.3 数据管控工作原则

（1）数据认责

数据认责是准能集团数据管控工作有效开展的基础前提条件。数据资产的认责原则是“以数据生成方作为数据认责人”，即数据生产的源头部门、源头单位、源头系统为数据认责人。数据认责人对其产生的数据资产的数据标准、数据质量和数据安全最终负责。

（2）共担职责

准能集团数据资产由业务部门、二级单位、信息部门和高层领导共同承担数据管控职责，通过业务、技术和管理通力合作形成业务规范、技术标准、管理机制与技术工具相配套的完整数据管控方案。

（3）分类管控

根据数据资产的使用特点，对跨业务、跨系统公共和共享的数据资产，由数据管控团队牵头、数据认责人和数据用户共同参与实施管控；对各业务域各系统专有的数据资产，由数据认责人牵头、数据用户参与、数据管控团队配合实施管控。根据信息化项目所处建设期、运行期的实际情况，制定有针对性的管控策略。

（4）分步实施

数据管控的实施进程应与准能集团数字矿山建设和信息化建设进程保持一致，遵循“先公共共享数据后专有数据、先管理机制后技术支撑、先新建项目后改造项目”的分步实施、循序渐进的建设策略。

6.4 数据管控组织与职责

6.4.1 数据管控角色定义

（1）数据所有人

数据所有人对数据资产拥有所有权，对数据资产的管理和应用具有最终决策权、执行权和监督权。准能集团是准能各类数据资产的数据所有人。数据管控领导小组作为代理机构行使数据所有人的决策权和监督权。

（2）数据认责人

数据认责人受数据所有人的委托行使数据资产管理和应用的执行权。数据认责人对所认责数据资产的数据定义、数据标准、数据质量和数据安全负最终责任。

（3）数据用户

数据用户是指应用数据资产开展业务活动的部门和人员。数据用户向数据认责人提出数据需求、数据标准、数据质量和数据安全等方面的相关要求。

（4）数据管控团队

数据管控团队是开展数据管控工作的主体，负责建立数据管控体系，发起和组织数据所有人、数据认责人、数据用户共同参与数据管控活动，保障各类数据资产的有效管理和应用。准能集团数据管控团队由数据管控领导小组、信息中心及数据管控组、各业务部门、二级单位的数据主管及数据专员共同组成。

6.4.2 数据管控组织结构

结合实际情况，构建准能集团数据管控组织结构，如图6-2所示。

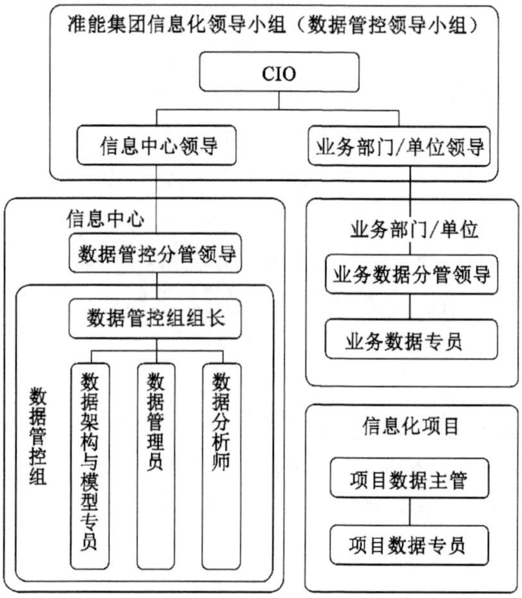

图6-2 准能集团数据管控组织结构

（1）从精简机构角度考虑，准能集团不设置独立的数据管控领导小组，由信息化领导小组行使数据管控领导小组职能。

（2）在信息中心设置数据管控组，承担准能集团数据管控的日常管理、各数据平台的运行维护工作，为准能集团领导、业务部门和二级单位提供数据建模、分析提供支持和服务。

（3）在各业务部门、二级单位设置业务数据专员岗位角色，负责本部门、单位所任责数据的日常管理和监督，确保数据质量，以满足数据用户的数据需求和数据质量要求。

（4）各信息化项目在项目实施期间设置项目数据主管和项目数据专员。其负责准能集团数据标准和规范在项目中的遵从和落实，完成项目涉及业务域的数据需求收集与整理、数据模型设计与实施等工作。

6.4.3 信息化领导小组

准能集团信息化领导小组作为数据管控工作的最高领导组织。其主要工作职责如下：

（1）负责准能集团数据管控工作总体决策。

（2）审核批准准能集团数据管控整体战略及实施路线。

（3）审核批准数据管控政策、制度、流程和规范。

（4）审核批准数据管控相关项目立项。

（5）听取数据管控工作成果汇报及对关键议题做出最终决策。

（6）审批数据管控工作推进过程中涉及的重大事项。

6.4.4　信息中心

作为准能集团数据管控工作的牵头部门，信息中心负责推进数据管控工作的开展并向数据管控领导小组报告。其主要工作职责如下：

（1）负责根据数据管控领导小组总体决策制定准能集团数据管控工作总体计划，监督和指导数据管控工作的落实执行。

（2）负责组织制定数据管控整体战略、实施路线及数据管控政策、制度、流程和规范。

（3）负责发起数据管控工作会议，组织汇报、讨论数据管控工作成果及重大事项。

（4）负责组织数据管控相关项目立项。

6.4.5　数据管控组

数据管控组是准能集团数据管控工作的具体执行组织，负责数据管控各项工作的执行并向信息中心数据管控分管领导报告。其主要工作职责如下：

（1）负责制定和修订数据管控相关的技术标准和管理规范，包括企业级数据架构和数据模型、数据标准、数据质量标准和数据安全标准及相应的管理规范。

（2）负责对信息化项目进行数据管控技术标准和管理规范的遵从管理与执行监督，包括提供数据管控标准和管理规范的培训，评审信息化项目交付物的数据设计方案，识别、分析数据设计问题并督促问题解决。

（3）负责收集、分析数据管理相关方的需求、意见、建议和问题反馈，协调各方工作，推动解决问题。

（4）负责进行数据管控相关项目的可行性研究并提出立项建议。

（5）负责准能集团各类数据平台的日常管理，为各业务部门和二级单位开展系统业务数据分析提供技术支持。

6.4.6　数据管控组长

数据管控组设置数据管控组长 1 名。数据监控组长总体负责数据管控执行层面的工作。其具体职责如下：

（1）负责制定数据管控工作详细计划，统筹安排数据管控组的工作内容和人员分工。

（2）负责制定准能集团数据管控体系和数据平台的蓝图规划和建设演进路线。

（3）负责制定数据管控评价指标、考核流程，审核数据管控问题解决方案的可行性。

（4）负责汇总分析数据管控需求和问题，编写数据管控项目立项建议书。

（5）负责审核数据管控工作成果，提交信息中心和数据管控领导小组审批。

6.4.7　数据架构和模型专员

数据管控组设置数据架构和模型专员 2～3 人。其主要工作职责如下：

（1）负责规划设计和持续优化准能集团数据架构、企业级概念数据模型、逻辑数据模型及数据模型管理规范，保障数据架构设计与业务架构、应用架构和技术架构设计的一致性，以及数据架构实现与规划的一致性。

（2）负责向信息化项目组提供数据架构、数据模型及管理规范的培训与宣贯。

（3）负责收集和分析信息化项目组数据架构和模型相关的问题和需求，并提出建议方案。

（4）负责评审信息化项目组的数据架构和模型设计，并督促问题改进落实。

(5) 负责牵头组织相关部门、单位开展数据标准和规范的起草和编制工作。

(6) 负责收集数据业务应用需求,牵头组织准能集团各数据平台的规划和设计。

(7) 负责企业数据架构、数据模型的版本控制和变更管理。

6.4.8 数据管理员

数据管控组设置数据管理员 3～4 人。数据管理员承担数据的日常保障工作。其主要工作职责如下:

(1) 负责准能集团主数据管理系统、实时数据采集平台、生产数据库和应用集成平台等数据平台的日常运行维护。

(2) 负责根据数据安全分级标准、数据使用授权流程和管理规范进行各数据平台的权限分配和维护,监控数据的日常使用和访问情况,确保数据的受控访问。

(3) 负责准能集团各数据平台的数据质量和合规性检查,编制数据质量报告,针对问题提出整改建议,督促问题改进落实。

(4) 负责根据业务需求和模型设计在相关数据平台中进行数据的物理建模,实现从业务系统的数据抽取、清洗、转换和加载工作。

6.4.9 数据分析师

数据管控组设置数据分析师 3～4 人。数据分析师承担数据建模工作。其主要工作职责如下:

(1) 负责收集和分析集团领导、业务部门和二级单位的数据分析需求,评估当前数据资源的数据分析需求的可支持程度,提出技术实施方案。

(2) 负责根据业务数据分析需求和业务规则,利用神华集团和准能集团数据分析平台(商务智能平台、大数据分析平台等)开展数据建模工作。

(3) 负责面向用户的业务分析数据展示界面的设计和实现。

(4) 负责利用现有数据资源,从业务和管理视角提出和实施数据挖掘和分析方案,充分挖掘数据价值。

6.4.10 业务部门和二级单位

业务部门和二级单位是准能集团数据管控工作的重要参与方。业务部门和二级单位同时承担着数据生成方、数据用户、数据认责人三类角色。其主要工作职责如下:

(1) 制定本部门、单位所认责数据的数据标准、数据质量标准、数据安全标准及相关管理规范。

(2) 按需出席数据管理领导小组会议,参与准能集团数据管控工作成果和重大决策的讨论。

(3) 制定本部门、单位认责数据的数据管控总体要求和工作计划,并负责落实执行。

(4) 支持数据管控组提出的数据管控标准、规范及问题改进建议,参与跨部门、单位的数据管控工作协调,推进和落实本部门、单位相关工作的执行。

6.4.11 业务数据专员

业务数据专员是所在业务部门、单位的业务数据专家。业务数据专员在其管理的数据范围内负责数据管控工作的具体执行。其主要工作职责如下:

(1) 负责确定本部门、单位数据资产的内容,根据用户需求定义数据的业务含义、业务标准、业务规则等相关标准。

（2）负责制定本部门、单位所认责数据的管理规范，确保数据符合各数据用户的需求和质量要求。

（3）负责代表本部门、单位的数据用户向数据生成方及数据管控组提出数据需求、数据质量要求和数据问题。

（4）代表本部门、单位参与数据管控组发起的数据管控工作，并负责本部门、单位相关工作的落实执行。

（5）负责分析数据管控组提供的数据质量报告，识别本部门、单位的数据问题，制定解决方案并具体负责落实执行。

6.4.12　信息化项目组

信息化项目组是准能集团信息化项目建设期间数据管控工作的重要参与方。信息化项目组负责在遵从数据管控标准和规范对本项目的数据方案下进行设计、实施和维护。项目数据主管，总体负责本项目的数据管控工作，由项目经理或技术经理担任。其主要工作职责如下：

（1）对本项目生成数据的数据标准、数据质量和数据安全最终负责。

（2）负责根据准能集团数据管控标准和规范，对本项目的数据设计和数据开发工作制定数据管控方案和计划。

（3）负责审核项目组工作成果对数据管控标准和规范的遵从性，并将工作成果提交数据管控组评审。

（4）针对数据管控组的评审意见及提出的数据问题，负责组织项目成员进行问题分析并推进和落实问题改进。

（5）参与跨项目的数据管控工作协调，推进和落实项目相关工作的执行。

（6）负责代表本项目组向数据管控组提出数据需求和问题，参与跨项目的数据管控工作讨论并推进本项目组相关工作的落实。

6.4.13　项目数据专员

项目数据专员负责本项目的数据管控工作的具体执行。其主要工作职责如下：

（1）负责遵从数据管控相关标准与规范的要求，设计本项目的数据定义、数据模型、数据集成方案。

（2）针对数据管控组的评审意见及提出的数据问题，负责分析问题、制定并落实改进方案。

（3）负责收集和整理本项目组的数据需求和问题。

（4）参与跨项目的数据管控工作讨论，负责本项目组相关工作的落实执行。

6.5　数据管控工作内容

6.5.1　数据架构管理

数据架构是用于定义数据需求、指导对数据资产的整合和控制、使数据投资与战略相匹配的一套整体构建规范。企业数据架构整合整个企业的数据并使其标准化，是所有信息化系统开发项目的关键，也是项目附加数据需求分析和数据建模工作的基线。数据架构管理的工作目标是为准能集团信息化项目建设提供统一的企业数据模型，提升各系统数据架构和数据模型设计的完整性、规范性及系统间数据架构设计的协同性。

6.5.1.1　企业信息需求收集

业务和数据密不可分。为了全面、完整地收集企业信息需求，必须首先构建企业业务架构，形成一级业务域、二级业务域，并根据业务特点逐级细分直至业务流程(过程)，然后基于业务流程(过程)识别其中的数据实体及其数据属性、计算规则等。

参照神华集团总体业务架构，结合准能集团业务现状，构建了准能集团总体业务架构框架，为企业信息需求收集和数据架构设计提供了基础支撑。

企业信息需求收集由信息中心数据管控组负责组织。数据架构专员、数据模型专员以及各部门、单位业务数据专员组成专项小组，每年定期或不定期开展企业信息需求收集工作。

6.5.1.2　企业数据模型开发

数据模型是一种分析和设计方法。它定义的是业务实体以及运营和指导业务所需的那些事实(数据属性)。企业数据模型主要分为三个层次：主题域模型、概念视图和逻辑视图，如图 6-3 所示。

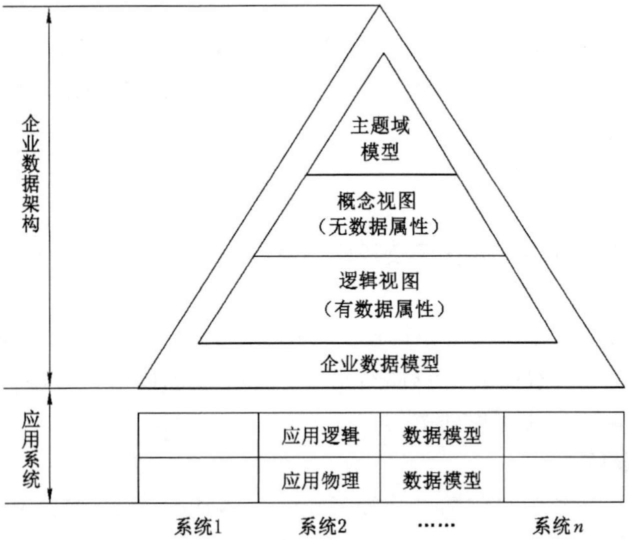

图 6-3　企业数据模型层级

(1) 主题域模型：是企业最重要的分类方法之一。企业数据模型通过主体域模型来组织其余的模型层次。通常可采用企业业务架构框架构建主体域模型。

(2) 概念视图：定义业务实体及这些业务实体之间的关系，以促进对业务的理解，并有利于语义上的一致性。业务实体采用业务术语命名。很多业务实体会出现在若干主题域的范围内。针对这种情况应确定由一个主要的主题域决定这个实体的主版本。概念数据模型由概念数据模型图和词汇表组成。词汇表包括业务定义和与所有业务实体及其相关联的其他元数据。

(3) 逻辑视图：在概念数据模型之下增加更多细节来反映每个实体的关键数据属性。关键数据属性是指那些若缺失则导致企业无法正常运作的属性。

企业数据模型开发工作主要由数据架构专员和数据模型专员负责。企业数据模型设计完成后，需要获得相关业务部门和二级单位的确认，在由信息化领导小组(数据管控领导小组)批准后，形成企业数据模型基线，以指导后续信息化系统建设。

6.5.1.3　数据技术架构定义

数据技术架构是企业整体技术架构的一部分，用于指导数据相关的技术选择和整合。数据技术架构定义了标准的工具分类、每类中的首选工具、技术标准以及技术整合协议等。

这些技术工具分类包括：

（1）数据库管理系统软件；

（2）相关数据库管理工具；

（3）数据建模和模型管理软件；

（4）报告和分析用的商务智能软件；

（5）实时数据库系统软件；

（6）大数据分析系统软件；

（7）提取-转换-加载数据整合工具和其他数据整合工具；

（8）数据质量分析和清洗工具；

（9）元数据管理软件，包括元数据存储库。

企业数据技术架构定义主要由数据架构专员和数据模型专员负责。数据管理员和数据分析师参与相关工具的技术选型。数据技术架构设计完成后，经数据管控组长、信息中心主管领导、信息中心领导审批和信息化领导小组（数据管控领导小组）批准后，正式发布并形成架构基线。

6.5.1.4　数据整合架构定义

针对企业数据模型中的业务数据实体，结合准能集团组织结构、岗位设置和信息系统建设现状，构建数据与业务角色关系矩阵、数据与应用关系矩阵。

数据整合架构定义主要由数据架构专员和数据模型专员负责。各部门、单位业务数据专员和信息化项目组数据专员参与此项工作。数据技术架构设计完成后，经数据管控组长、信息中心主管领导、信息中心领导审批和信息化领导小组（数据管控领导小组）批准后，正式发布并形成架构基线。

6.5.1.5　数据架构维护

当企业业务发生变化、出现新的业务需求或新的信息化系统建设提出数据需求等情况时，需要审核企业数据架构，使企业数据架构和模型能够支持新的变化和需求。

对于企业数据模型局部变更，经数据管控组长、相关业务部门、二级单位确认后，由信息中心主管领导负责审批；对于企业数据模型跨多个主题域的变更，按以上流程审批后，需要获得信息化领导小组（数据管控领导小组）的批准。其变更完成后，形成新的企业数据模型基线。

对于企业数据技术架构和数据整合架构的变更，由数据管控组长、信息中心主管领导、信息中心领导审批后发布，形成新的架构基线。

6.5.2　基础数据管理

基础数据是指支撑企业业务运营的基础性共性数据，包括主数据、参考数据和元数据。

（1）主数据

主数据是描述企业核心业务实体的数据，是企业所有生产运行和经营管理业务进行的基础，如人、地点、客户、产品等。主数据管理是对主数据值进行控制，形成准确、及时、完整的数据版本，以实现跨系统的数据的一致和共享。

（2）参考数据

参考数据是用于将其他数据进行分类或目录整编的数据。规定参考数据值是几个允许值之一。企业类型编码、项目状态编码等就属于参考数据。

(3) 元数据

元数据是描述数据的数据，帮助理解、获取和使用的数据，分为技术元数据、业务元数据、管理元数据等。技术元数据为开发人员和技术用户提供系统信息，包括物理数据库表名、字段名、字段属性、其他数据库对象的属性和数据存储特性等。业务元数据是描述业务领域相关概念、关系和规则的数据，包括业务实体及属性定义、业务术语、数据模型、指标定义和业务规则等。管理元数据是描述管理领域相关概念、关系和规则的数据，包括人员角色、岗位职责和管理流程等信息。

6.5.2.1　主数据和参考数据识别和定义

将跨系统应用的企业关键业务实体(包括当事人、产品、设备、财务结构和位置等)识别为主数据，并定义其属性集和相关业务规则，以满足多系统、跨业务共享的数据需求。

在数据业务规则梳理过程中，可识别出一些跨数据实体应用的数据值域(包括标准化术语、代码值和其他唯一标识符等)，并对每一个取值进行业务定义，以形成全企业一致的最准确、最及时的参考数据。利用参考数据去描述业务实体和交易数据，可以增强数据的可理解性和规范性，以提高数据质量和数据分析能力。

主数据和参考数据的识别和定义由信息中心数据管控组牵头，由数据架构专员和数据模型专员与各部门、单位业务数据专员组成的专项小组共同完成。其工作成果需要获得主数据和参考数据的主负责部门审批和确认。

6.5.2.2　主数据管理系统建设

主数据作为信息化应用的核心数据，在各类业务应用系统间起着桥梁和纽带的作用。通过主数据管理可以创建企业数据统一视图，保证企业核心数据的一致性、准确性和完整性，从而全面提升企业数据质量，为准能集团实现数据共享和业务协同提供重要保障，也为准能集团实现统一数据管控、数据整合和应用分析提供坚实基础。

主数据管理的技术模式包括汇总模式、注册模式、共存模式、集中模式四种模式，如图 6-4所示。

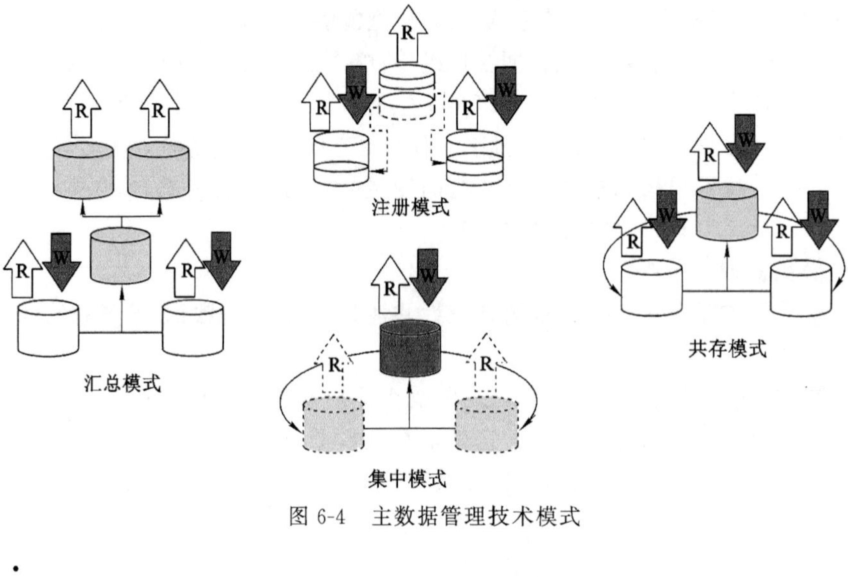

图 6-4　主数据管理技术模式

（1）汇总模式：汇总主数据到一个统一的资料库，供参考引用。

（2）注册模式：不用对现有系统进行重新编码，只需要维护主数据编码与现有系统编码的对应关系，对现有系统影响最小。

（3）共存模式：主数据的生成可以在主数据管理系统中，也可以在应用系统中。在应用系统中生成的主数据通过上传的同步方式传递给主数据管理系统，再被主数据管理系统下发。

（4）集中模式：主数据的生成、变更均在主数据管理系统中，通过推拉方式实现与其他系统同步变更。

主数据管理技术模式特点对比如表 6-1 所示。

表 6-1　主数据管理技术模式特点对比

项目	汇总模式	注册模式	共存模式	集中模式
主数据来源或创建方式	应用系统	应用系统	应用系统	主数据管理系统
应用类型	分析型应用	操作型应用	协作型、操作型、分析型	协作型、操作型、分析型
数据应用方向	报表、分析集中引用	集中实时引用	跨数据库的统一和集中的引用	为操作类、分析类应用系统提供核心数据标准规范。 面向系统数据集成应用，并支持报表、分析引用
是否独立的主数据	是	否	是	是
数据流向	单向（源系统→主数据）	单向（主要存储统一编码）	双向	双向
数据更新	不向操作类系统进行数据更新	只对编码映射关系进行更新	主数据的生成可以在主数据管理系统中，也可以在应用系统中，在应用系统中生成的主数据通过上传的同步方式传递给主数据管理系统，再被下发	主数据的生成、变更均在主数据管理系统维护，通过推拉方式与其他系统同步，进行更新
模式特点	1. 全部或大部分数据以应用系统为准，无法实现集中管理，仅提供业务视图； 2. 有利于为下游分析类系统准备基础数据	1. 引用并通过服务共享的方式对分散于各应用系统中的主数据进行维护； 2. 需要时可以建立完整视图，实施快速、简单	1. 汇总型的高级模式，现有系统主数据保持不变，且有更新功能； 2. 在现有系统多且数据分散的情况下，建议以共存模式为主，进行双向同步。应用系统和主数据管理系统都可对主数据进行操作	1. 基于总架构的主数据管理方式，支持新建或现有的交易系统及分析类系统； 2. 对于某些严格要求实时性、一致性或强管控的核心主数据，采用此模式可实现更高效的实时同步、更新与维护管理

为保证主数据质量的可控性和管理的有效性，准能集团主数据管理采取集中模式。建设集中式的主数据管理平台对所有主数据、参考数据进行统一管理和维护，为准能集团所有应用系统提供基础的核心数据保障，为未来新建系统应用提供基本核心数据规范。

结合准能集团信息化建设现状和总体需求，准能集团主数据管理系统集成架构如图 6-5 所示。

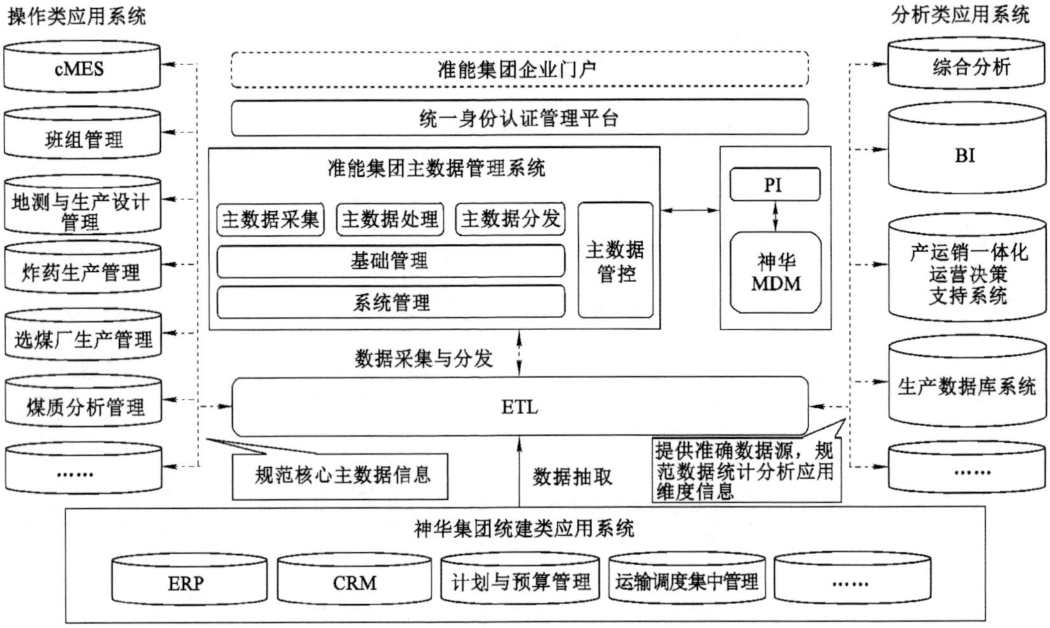

图 6-5　准能集团主数据管理系统集成架构

主数据管理系统与周围系统之间的数据交互主要有以下四个方面。

(1) 通过应用集成平台工具实现与应用系统直接数据交互

在接收到人工申请主数据更新信息后，主数据管理系统把处理后的更新信息分发到操作类和分析类应用系统；同时，主数据管理系统要接收分发结果，并通过消息服务等多种形式将数据的更新、审批等信息提醒相关责任人，以使其及时处理数据信息。

(2) 与神华集团主数据管理系统间的数据交互

根据神华集团数据资源管理办法的相关要求，实现对神华集团统建类主数据内容的接入，并实现对准能集团主数据的单向更新。

(3) 与认证平台、企业门户等应用系统的集成和数据交互

用户登录主数据管理系统前，需先登录企业门户，通过认证平台身份核实后进入该系统，进行相关系统管理和操作。

(4) 协议支持

主数据管理系统应该提供和支持超文本传输协议、数据库连接协议等主流交互方式，以保证系统之间正常的数据交互与协作运行。

主数据管理系统建设按照准能集团信息化项目管理相关规定进行项目的立项和实施。系统数据架构必须要符合企业总体数据架构的要求。数据架构专员和数据模型专员对项目

数据专员提交的系统数据库设计报告进行审核。项目组需根据其审核意见修改、完善设计该报告。信息中心数据管控组需指派数据管理员全程参与项目、全面了解和掌握主数据管理系统的应用功能和数据库结构，为系统运行维护打下良好基础。

6.5.2.3　主数据和参考数据维护

主数据和参考数据维护主要包括以下几方面。

(1) 系统日常维护

数据管理员负责主数据管理系统的日常维护（包括系统权限的设置、系统数据和平台的日常监控），解决数据更新、复制和分发过程出现的问题，保障系统安全、可靠地运行。

(2) 数据日常维护

针对准能集团自建类主数据和参考数据进行数据的新增、删除、更改等维护管理工作。数据日常维护管理流程如图 6-6 所示。

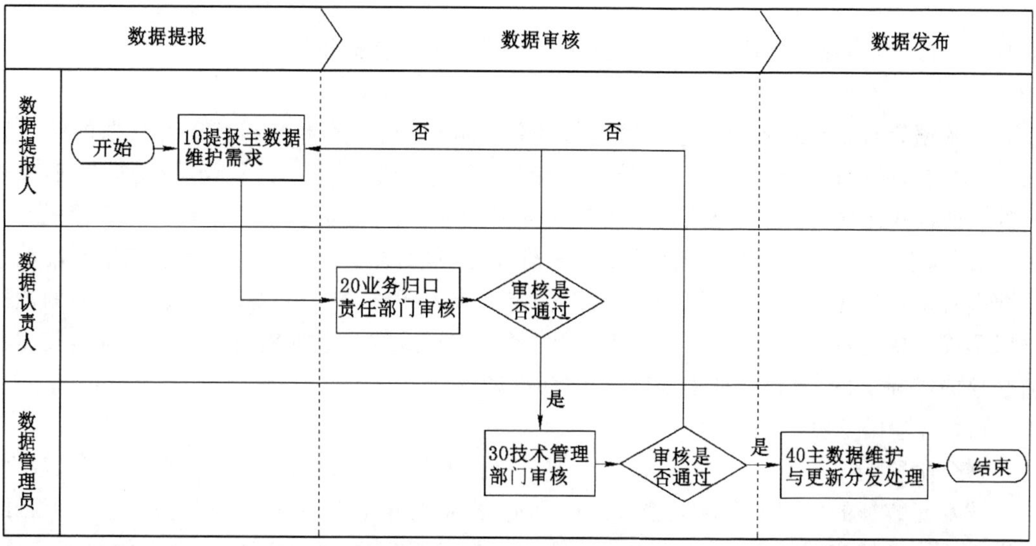

图 6-6　数据日常维护管理流程

① 角色与职责。

(A) 数据提报人。

数据提报人包括业务部门、二级单位数据使用者或业务数据专员，负责本部门或业务板块的主数据需求收集、参与主数据更新和维护、主数据标准制定等工作。

(B) 数据认责人。

数据认责人由数据主责部门的业务数据分管领导或业务数据专员承担。数据认责人负责日常主数据管理与维护工作，贯彻执行主数据制度和规则，保证主数据一致性、完整性和准确性；根据主数据标准和质量要求，对本业务板块或部门提交的主数据管理活动申请进行审核；参与主数据标准制定和提供主数据业务解释等工作。

(C) 数据管理员。

数据管理员负责准能集团主数据管理平台的配置管理工作，对业务部门审核通过并提交的主数据管理活动进行相关发布和维护；根据主数据业务需求，负责制定和更新主数据技术标准。

② 流程说明。

(A) 数据提报。

主数据提报人根据本部门或板块业务需求，按照主数据标准和质量要求，在主数据管理系统中填写主数据管理业务申请表，并提交至主数据认责人。

(B) 数据审核。

主数据认责人对数据提报内容进行审核，确保主数据业务及属性定义的准确性，并满足主数据标准和质量要求。当识别并发现主数据提报有问题时，及时返退给数据提报者；若审核通过，则提交至数据管理员进行维护和发布。

(C) 数据发布。

依据主数据标准和相关规定，数据管理员对数据提报内容在数据格式、类型编码规则等技术定义方面进行审核。审核通过后，进行主数据的发布和更新应用；当审核过程中发现问题时，及时返退给数据提报人，以便数据修订完成后再次被提报。

6.5.2.4 元数据管理

元数据管理是针对各类信息系统进行业务元数据、技术元数据和管理元数据的统一获取、存储、管理和分析应用。通过元数据对各个系统中的数据资产进行结构化描述，形成统一的企业信息地图，实现对企业数据资产的可视化管理，促进数据标准化和数据质量提升。

目前，准能集团元数据管理尚处于初始阶段，元数据存储于各类文档和系统中。准能集团数据管理方面还存在信息孤岛和数据多头定义等问题，使得人们对跨组织、跨业务的数据难以形成一致的理解，导致数据口径不一致，增加交流成本和数据集成难度。从准能集团数据管控的实际出发，元数据管理采取以下实施步骤。

(1) 打基础阶段

这个阶段的主要工作是收集、整理企业范围内的技术元数据、业务元数据、管理元数据。

技术元数据的整理工作由数据管理员负责，由信息中心软件开发人员和信息化项目组提供支持。数据管理员收集、整理现有系统的数据库设计文档、物理数据库中的数据表名、字段名、字段属性、其他数据库对象的属性和数据存储特性。

业务元数据、管理元数据的整理工作由数据架构专员和数据模型专员负责，由业务部门、二级单位的业务数据专员提供支持。数据架构专员和数据模型专员收集、整理现有系统的需求和设计文档、各业务主题域的业务实体及属性定义、业务术语、数据模型、指标定义、业务规则以及相关的管理制度和管理流程等，协调解决数据、术语等定义冲突问题。此项工作可以和企业数据架构的设计与开发同步进行。

将整理完成的各类元数据文件存于文档管理系统中，以供查阅和调用。当业务需求和系统功能发生变更时，及时变更相关元数据文件。

(2) 上系统阶段

在准能集团实施决策支持系统(数据仓库应用)项目时，可同步启动元数据存储库系统建设。元数据存储库采用标准化、开放化系统架构(符合公共仓库元模型等)。通过与各类应用系统的集成，提升元数据自动获取能力，保障元数据质量。元数据管理系统总体架构如图 6-7 所示。

(3) 持续优化阶段

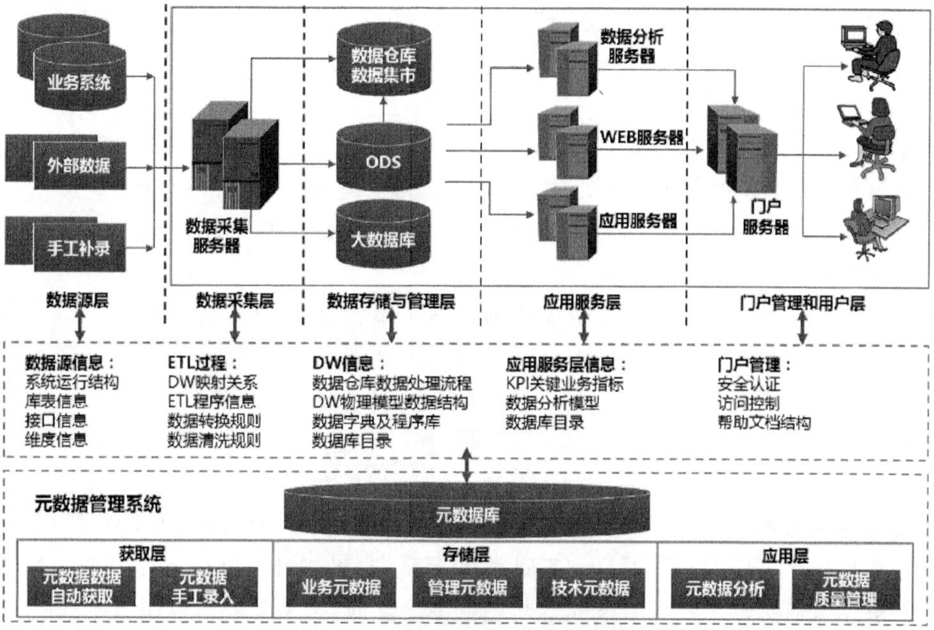

图 6-7　元数据管理系统总体架构

持续优化企业数据模型，对业务词汇表进行标准化，使元数据成为企业非常关键的无形资产。整个企业的高效运作都将依赖于它。

不断优化现有应用系统，使各系统遵照相同的词汇表。业务实体通过权威数据源可以平滑流动到另一个业务单元，大幅降低数据集成成本。

6.5.2.5　业务数据管理

业务数据是指支持企业业务运行的各类结构化数据（即行数据，可以用二维表结构来逻辑表达实现的数据）。数据存储在应用系统所选择的关系数据库管理系统中。除现场自动化控制系统外，目前企业主流的业务应用系统均采用的是关系数据库（如露天煤矿卡车调度系统、本质安全管理系统、制造企业生产过程执行管理系统等）。需要在准能集团企业数据架构的统一指导下，对系统数据库的开发、实施和运行维护实行高效管理，以提高业务运作效率，打通数据流，最大程度地满足准能集团生产经营管理对高质量数据的需求。

6.5.2.6　系统数据库开发

系统数据库开发是应用系统建设项目的有机组成部分。其活动分布在系统开发生命周期的全过程中。按照信息化项目管理方式进行系统数据库开发的统一管理。数据管控组应指派数据管理员全程参与项目，配合项目数据专员了解和分析业务信息需求，做好应用系统的数据库设计、开发和实施等工作。系统数据库开发主要包括以下四个方面内容。

（1）业务需求分析与数据建模

在企业数据架构基础上，根据应用系统开发项目所涵盖的业务范围，收集和分析数据需求，设计满足数据需求的数据结构，形成项目数据说明书和相关模型图（包括概念数据模型、逻辑数据模型和物理数据模型）。

（2）详细数据库设计

基于项目所选择的数据库管理系统进行关系型数据库表、索引、视图、函数、触发器、存储过程、数据访问方案以及数据备份、恢复、归档和数据安全等方面的设计，确定数据库资源需求，确保设计能够满足性能要求和数据完整性要求，形成物理数据库设计文档。

(3) 数据库系统实施

根据详细数据库设计的数据库定义相关脚本文件，在数据库管理系统中构建用于支持开发和测试的数据库，创建测试数据，整理、转换和迁移业务数据，测试数据访问服务。开发和测试完成后，部署生产环境数据库，完成系统上线所需的数据入库工作。

(4) 数据库开发过程质量管理

系统数据库设计必须符合企业数据架构和相关命名规范与标准。在项目需求和设计里程碑点，经项目组申请，由信息中心数据管控组组织开展相关设计评审工作，由项目数据专员根据评审意见完善数据库设计。在项目实施过程中，需变更数据模型及相关文档时，根据变更影响的范围，履行相应的项目变更过程控制程序。

6.5.2.7 系统数据库管理

系统数据库管理是对应用系统数据库的日常维护和管理，通过监控、优化数据库性能，规划实施数据备份、恢复机制，确保数据资产的完整性、可用性。此项工作主要由数据管理员承担。数据管理员的工作内容主要包括以下三个方面。

(1) 数据库日常监控和性能优化

利用数据库管理系统的监护和管理工具监测和发现应用数据库存在的问题，查找可能导致数据库性能降低的因素，开展数据库优化工作。

(2) 数据备份与恢复

制定数据库备份与恢复策略和实施计划，每日检查和记录备份系统的工作情况。当应用数据库出现重大问题导致不可用时，利用现有软硬件资源和备份数据重构数据库，使业务应用系统尽快恢复正常运行。

(3) 数据库版本与许可管理

每年定期审核数据库版本和许可情况，申请必要的版本升级和许可费用。对数据库厂商提供的升级包必须进行测试环境验证，以评估升级对应用系统可能带来的影响。测试环境验证通过后，再更新生产环境数据库系统，以确保数据库系统的可靠性和安全性。

6.5.3 文档和内容管理

文档和内容管理是对企业非结构化数据信息的采集、存储、访问及使用进行过程控制与管理。非结构化数据是指尚未记录于关系数据表的行与列中的数据，如文档文件、电子表格、图形、图像、视频、录音和纸质文档等。据估计，有多达 80%的数据存储在关系数据库以外。非结构化数据是企业不可或缺的数据资源和重要资产。需要对其进行有效的管理，以强化内部控制、防范经营风险，为准能集团生产经营管理提供强有力的支持。

目前，信息中心档案馆集中统一管理准能集团以及下属各单位除人事档案以外的全部档案。建立了《神华准能集团公司档案管理办法》《神华准能集团公司设备、仪器档案管理办法》和《神华准能集团公司会计档案管理办法》等管理制度。在信息化建设方面，档案馆现使用两套档案管理系统：神华集团统建档案管理系统和准能集团自建档案管理系统。神华集团统建档案管理系统已完成一期建设；支持电子文书、实物(纸质扫描件)、音像和照片等文件档案的存储、在线借阅和浏览，对科技、项目类档案的管理系统尚不支持(这些档案仍然由自建档案管理系统进行管理)。随着神华集团统建档案管理系统后期工程的推进，准能集团全部档案资料将会纳入神华集团统建平台中集中管理。

准能集团数字矿山降本增效工程的制造企业生产过程执行管理系统建设项目中包含了技术管理模块。其目标是建立准能集团面向生产的技术资料知识库,以方便各生产环节用户按需快速查阅和调用,提高劳动生产效率,使企业知识资产有效转化为生产力。

准能集团文档和内容管理后续主要工作是:

(1) 配合神华集团统建档案管理系统二期建设,做好当前系统数据迁移工作。在神华集团统建档案管理系统中配置合理的权限和流程,实现文档和档案的电子借阅和在线浏览。

(2) 制定企业信息分类和文档索引元数据标准,利用系统平台对准能集团各类文档进行有效的分类和组织,以实现文档内容的快速检索和访问。

6.5.4 商务智能应用管理

商务智能应用是利用数据仓库、大数据和商务智能分析工具等技术挖掘企业数据资产的价值,为企业生产经营管理提供决策支持信息,以实现科学决策,提升业务快速响应能力和企业市场竞争力。

神华集团目前已建设决策支持系统,采用的是大数据仓库和专业分析平台。该系统以神华集团统建系统为依托,支持神华集团领导、各职能部门的数据分析需求。准能集团尚未建立商务智能应用系统。随着企业信息化建设的日渐完善和信息化需求的不断深入,准能集团需要建设商务智能应用系统,以有效整合现有分散的数据资源,满足各层级生产经营管理者差异化的管理需求。

6.5.4.1 数据仓库应用管理

数据仓库是面向主题的、整合的、随时间变化的、相对稳定的历史数据的集合。通过对企业各类业务应用系统数据的抽取、清洗、转换和加载,形成满足整个企业数据需要的数据仓库。在此基础上,创建面向特定业务主题域的数据集市,再利用商务智能工具开展数据分析和挖掘工作。

根据神华集团信息化管理的相关规定,决策支持层系统属于神华统建系统范畴。因此,准能集团建设基于数据仓库的商务智能应用系统,就需要利用神华集团现有数据仓库和专业分析平台,整合准能集团分布在神华集团统建和准能集团自建应用系统中的数据,构建面向准能集团的数据仓库,满足多方位的数据分析与挖掘需求。

(1) 商务智能应用系统项目建设

全面梳理准能集团商务智能信息需求,分析现有数据分布和质量情况,利用准能集团自建的生产数据库平台进行自建系统数据的抽取、清洗、转换和加载,形成准能集团操作性数据库,再将操作性数据数据加载到神华集团数据仓库系统中,与神华统建系统中抽取的准能集团数据有效整合,形成准能集团数据仓库(从神华集团的视角看,形成的是准能集团数据集市)。在准能集团数据仓库基础上按照业务分析需求开展维度数据建模,创建面向业务分析主题的数据集市,利用商务智能工具进行数据的分析、挖掘和展示。

信息中心数据管控组全体数据分析师都应全程参与本项目的建设,熟悉掌握数据仓库平台建模和商务智能工具的应用,为准能集团数据仓库数据的深化应用打下坚实的基础。

(2) 商务智能平台日常应用管理

数据分析师负责准能集团数据仓库的数据维护和商务智能分析工作。

根据准能集团领导和业务部门的数据分析需求,数据分析师在准能集团数据仓库基础上利用商务智能工具建立数据分析模型，并及时展示数据分析结果，为生产经营管理决策提供高效的数据支撑。

针对准能集团数据仓库无法支持的数据分析需求，数据分析师需要分析具体原因并提出解决方案，根据审批通过后的方案负责落实。

6.5.4.2 大数据应用管理

大数据具有数据量大、数据类型复杂、数据处理实时性要求高等特点。大数据分析在互联网和电子商务领域已经得到广泛应用并产生了巨大的商业价值，得到了世界各国的高度重视。工业大数据是指在工业领域自动化、信息化应用中所产生的大数据，是工业领域相关数据集的总称，是工业互联网的核心和工业智能化发展的基础原料。工业大数据应用的本质是通过促进数据的自动流动去解决控制和业务问题，减少决策过程所带来的不确定性，并尽量克服人工决策的缺点。

准能集团作为资产密集型的大型综合能源企业，具备大数据应用场景。例如，如设备故障诊断与预测方面，通过实时采集、分析矿用大型设备的运行状态数据，可以实现设备的预测性维修，可以提高设备资产的运行效率和使用寿命，也可以有效降低维修成本。

开展大数据应用主要包括以下两方面工作。

(1) 大数据应用项目建设

分析应用场景当前数据状况，完善数据采集网络、通信等基础设施，选取大数据平台构建大数据应用环境，实现数据的实时采集和入库。利用业务专家经验设计大数据分析模型，并在大数据平台中实时验证模型，对照实际情况不断调整优化。

信息中心数据管控组指派数据管理员、数据分析师全程参与本项目建设，了解系统总体架构，熟悉大数据应用环境，为后期系统运行维护打下良好基础。通过本项目建设，数据分析师需要建立模型参数调整能力。

(2) 大数据分类模型持续优化

针对具体业务场景的大数据分析模型上线运行后，需要结合业务运营实际情况不断持续优化，使其模型能够客观、真实地揭示业务运行规律，发挥大数据应用对日常生产经营管理的指导作用。

数据管理员负责大数据应用平台的日常运行维护工作，分配用户使用权限，监控数据的采集、存储和分析过程，保障系统安全可靠地运行。

数据分析师根据业务专家要求调整相关模型参数，使相关模型满足实际业务需要。针对新的大数据分析业务应用场景，数据分析师负责收集整理相关需求，制定具体实施方案并负责方案的落实。

6.5.5 数据质量管理

数据质量是指数据满足使用需要的合适程度，用数据的一组固有特性来度量。参考神华集团数据管控相关成果，选取以下数据质量度量维度。

(1) 准确性

准确性，即数据是否真实客观，符合事实、标准或真实情况，是指数据值与设定准确值之间的一致程度。

(2) 完整性

完整性强调数据在结构上能正确反映数据之间的逻辑关系，用来衡量数据记录的完整程度，即是否具备满足企业数据应用所需的全部信息，从数据定义、数据录入、规则约束三方面保障数据的完整性。

（3）及时性

及时性是指对信息可访问性和可用性的时间预期，是指数据刷新、修改和提交等操作是否按规定时限要求完成。

（4）一致性

一致性反映数据源中数据对一组约束的满足程度，通常是指存在于多个数据库表或文件中的同一属性的取值及含义保持一致，即同一信息主体在不同的数据集中的信息属性相同。

（5）规范性

规范性是指数据是否遵循了统一的规范，数据集合是否保持了统一的格式，数据的值域是否在用户定义的有效范围内。

数据质量管理是对支持业务需求的数据进行全面的质量管理。通过制定和执行数据质量相关管理制度、流程和标准，及时发现并解决数据质量问题，从而不断改善数据质量，提升数据业务价值。

6.5.5.1　数据质量标准管理

数据质量标准明确数据质量要求（包括准确性、完整新、及时性、一致性和规范性要求）和数据质量评估指标，是评估数据质量的依据和准则。准能集团数据质量评估指标体系如表 6-2 所示。

表 6-2　准能集团数据质量评估指标体系

序号	质量维度	评估内容	检查对象	检查规则
1	准确性	检查各业务系统的数据是否真实、准确和唯一。问题情况包括主键问题、重复性问题、波动问题、交叉验证问题等	数据实体	主键问题
2			数据实体	重复性问题
3			数据实体	波动问题
4			数据实体	交叉验证问题
5			接口	接口处理过程错误问题
6	完整性	检查业务系统的数据是否完整可用。问题情况包括外键问题、字段空值问题	数据实体	外键问题
7			数据实体	字段空值问题
8	一致性	检查各业务系统的数据属性定义及内容与基础数据标准的一致性。问题情况包括记录数匹配问题、内容匹配问题等	数据实体	记录数匹配问题
9			数据实体	内容匹配问题
10			接口	记录数匹配问题
11			接口	内容匹配问题
12	规范性	检查各业务系统数据是否遵循了统一的规范。问题情况包括字段类型问题、字段长度问题、字段值域问题、数据格式规范性问题	数据实体	字段值域问题
13			数据实体	字段类型问题
14			数据实体	字段长度问题
15			数据实体	数据格式规范性问题
16	及时性	检查各业务系统数据录入和发布的及时性	数据实体	数据时效性问题
17			接口	数据时效性问题

信息中心数据管控组负责数据质量标准的需求收集、制定、发布及变更等日常管理工作。其具体工作由数据架构专员和数据模型专员负责执行。数据质量标准制定完成后，经信息化领导小组(数据管控领导小组)审批通过后可正式发布。

6.5.5.2 数据质量监控

数据质量监控是采取人工或人机结合的方式定期或不定期地进行数据质量的检查，以发现系统运行过程中出现的数据异常，及时发现并解决问题，提高数据质量。

(1) 应用系统数据质量监控

针对每个业务应用系统，手工录入数据的数据质量由该项业务的数据录入和审核用户负责。通过建立数据质量考核机制确保录入数据质量。根据系统业务规则以及技术规则、检查点设置情况，数据管理员协助应用系统维护人员编制数据质量检查脚本，依据数据质量校验规则对数据进行检查，根据检查结果出具数据质量报告。应用系统维护人员负责数据质量问题的定位，提出具体的解决方案。

(2) 生产数据库数据质量监控

数据管理员利用数据质量管理工具，并根据数据质量规则和稽核模型对入库数据质量进行自动化检查，发现和排查出现的问题，出具数据质量报告，并针对每一个具体问题提出切实可行的解决方案。为提升问题处置效率，针对已知的数据重大质量问题，数据管理员需要制定应急处置预案，并负责组织落实该预案。

数据质量报告分析表如表 6-3 所示。

表 6-3 数据质量报告分析表

<table>
<tr><td>业务系统</td><td colspan="2"></td><td>问题合计</td><td></td><td>报告生成时间</td><td>××年××月××日</td></tr>
<tr><td>统计时间</td><td colspan="4">××年××月××日至××年××月××日</td><td>报告生成系统</td><td></td></tr>
<tr><td colspan="2">问题类型</td><td colspan="2">问题数量</td><td>检查总数</td><td>问题率</td><td>链接</td></tr>
<tr><td colspan="2">准确性</td><td colspan="2"></td><td></td><td></td><td></td></tr>
<tr><td colspan="2">主键问题</td><td colspan="2"></td><td></td><td></td><td></td></tr>
<tr><td colspan="2">重复性问题</td><td colspan="2"></td><td></td><td></td><td></td></tr>
<tr><td colspan="2">波动问题</td><td colspan="2"></td><td></td><td></td><td></td></tr>
<tr><td colspan="2">交叉验证问题</td><td colspan="2"></td><td></td><td></td><td></td></tr>
<tr><td colspan="2">接口处理过程错误问题</td><td colspan="2"></td><td></td><td></td><td></td></tr>
<tr><td colspan="2">完整性</td><td colspan="2"></td><td></td><td></td><td></td></tr>
<tr><td colspan="2">外键问题</td><td colspan="2"></td><td></td><td></td><td></td></tr>
<tr><td colspan="2">字段空值问题</td><td colspan="2"></td><td></td><td></td><td></td></tr>
<tr><td colspan="2">一致性</td><td colspan="2"></td><td></td><td></td><td></td></tr>
<tr><td colspan="2">记录数匹配问题</td><td colspan="2"></td><td></td><td></td><td></td></tr>
<tr><td colspan="2">内容匹配问题</td><td colspan="2"></td><td></td><td></td><td></td></tr>
<tr><td colspan="2">记录数匹配问题</td><td colspan="2"></td><td></td><td></td><td></td></tr>
<tr><td colspan="2">内容匹配问题</td><td colspan="2"></td><td></td><td></td><td></td></tr>
<tr><td colspan="2">规范性</td><td colspan="2"></td><td></td><td></td><td></td></tr>
</table>

表 6-3(续)

字段类型问题				
字段长度问题				
字段值域问题				
数据格式规范性问题				
及时性				
数据时效性问题				
数据时效性问题				
问题合计				

6.5.5.3　数据质量提升

数据质量问题发生后，采取必要的补救措施，以确保系统数据满足数据质量要求。数据质量提升主要有以下三种方式。

(1) 数据补录

通过系统录入界面及时补录应用系统丢失的数据，由系统的业务用户负责完成。

(2) 手工修正

两种手工修正方式分别为：前台修正和后台修正。前台修正是通过应用系统录入界面对错误数据进行修正，由系统的业务用户负责完成。后台修正是针对前台无法修正的数据，数据管理员经授权后在数据库中根据业务和技术规则直接修正数据。

(3) 自动修正

参照业务规则和数据质量要求，采取自动化工具对数据进行清洗和校正，无须人工干预便可提供修正后的数据值。因为准能集团生产数据库的入库数据量大，所以应采取成熟工具产品实时处理各应用系统采集来的数据，以保证生产数据库的数据质量，为后续应用和分析提供可靠的数据基础。

6.5.6　数据安全管理

数据安全管理是依据国家、行业和企业相关法规和制度，制定合理、科学的数据安全分级标准，并通过数据授权访问机制规范数据的存储和使用，保证业务数据使用的安全性和合规性。

6.5.6.1　数据安全分级

(1) 普通商密级

普通商密级为一种数据载体(系统)防护级别要求，即要采取一定的技术手段，保障数据存储、数据传输、数据交换、数据使用的安全需求。

(2) 核心商密级

核心商密级为一种数据载体(系统)防护级别要求，即要采取严格的技术手段，保障数据存储、数据传输、数据交换、数据使用的特殊安全需求。

参照国家、神华集团相关标准、制度，将准能集团需要分级的数据按照不同主题进行分级。其可分为公开级、普通商密级、核心商密级。根据已确定的数据等级及所占比例，对数据所属准能集团自建业务系统划分系统等级。

信息中心数据管控组负责牵头组织数据安全分级工作，将数据安全等级定级结果报信息化领导小组(数据管控领导小组)审批。

6.5.6.2 数据访问授权

建立员工系统权限管理机制和统一身份管理系统,对员工的系统访问进行授权以集中监控和管理数据系统。

(1) 权限设置

通过网上员工系统权限审批单,对新入职和换岗员工系统访问权限进行前置审批。用户访问权限经员工所在单位审批、数据管控组审核后,由系统管理员负责系统访问权限的设置。系统权限应根据员工的岗位职责要求合理分配,使员工工作与所需信息相匹配,确保系统数据信息的安全、分级访问。在员工办理离职时,人力资源部门应及时通知数据管控组,由系统管理员进行用户账号的注销。

系统管理员在系统中尽可能按角色分配权限,建立系统角色权限层级结构,以简化用户权限的配置。

(2) 密码管理

每个系统用户必须按照安全标准要求设置足够复杂的密码(强密码管理),并保证密码不告知他人,避免自己账号被人盗用而产生严重后果。系统管理员在创建新用户账号时,初始密码应被设置为立即过期;新用户登录系统后必须立即按要求修改账号密码。

参考文献

[1] 高婷,陈晴,孙晓燕,等.基于气象行业共享数据标准化处理的设计与实现[J].气象科技进展,2020,10(05):26-29.

[2] 李庆春,佘明军,黄继翔.数据处理方法在差油气层评价中的应用[J].内蒙古石油化工,2008(13):108-109.

[3] 倪志伟,倪丽萍,刘慧婷,等.动态数据挖掘[M].北京:科学出版社,2010.

[4] 盛步云,萧筝,雷兵.大数据时代的产品智能配置理论与方法[M].武汉:武汉理工大学出版社,2018.

[5] 魏登云,张文俊.主成分分析法应用中原始数据的标准化辨析[J].安徽师范大学学报(自然科学版),2018,41(2):189-194.

[6] 吴松涛,侯风华,戴锋.非线性数据标准化处理过程中的线性近似法[J].信息工程大学学报,2007(2):250-253.